Dieter Seibert

Das Buch der Klettersteige

Dieter Seibert

Das Buch der

Klettersteige

170 gesicherte Anstiege
in den Ostalpen

Rother

Liebe Klettersteigler!

Darf ich Ihnen hiermit einen besonders üppigen Strauß an Tourenvorschlägen überreichen, verbunden mit der Hoffnung, daß Sie damit viel Freude erleben werden. In diesem Buch ist der Blick nicht starr und ausschließlich auf Drahtseile, Leitern und Eisenstifte gerichtet. Es wäre doch allzu schade, seine Ziele nur noch nach derartigen Kennzeichen auszurichten und darüber alles andere zu vergessen. Wirklich schön und abgerundet wird doch eine Bergtour nur dann, wenn alles zusammenstimmt. Wie engstirnig wäre es doch, sich ein Gebiet, in dem man schon einmal unterwegs ist, nicht näher anzuschauen! Man möchte doch von jeder Berggruppe möglichst viel sehen, das Charakteristische kennenlernen, wenigstens einen großen, aussichtsreichen Gipfel besteigen.

Da es in den Nördlichen Kalkalpen und in den Zentralalpen nur wenige richtige Klettersteige gibt, wurde das Thema auch auf gesicherte Steige ausgedehnt. Das eröffnete eine Vielzahl weiterer, wirklich reizvoller Möglichkeiten. Manche der großen Felsgipfel wie die Hohe Munde, der Bettelwurf oder der Watzmann gehören dadurch zum Buchthema. Auf der anderen Seite wurde alles Anspruchsvolle, das den Rahmen sprengt, weggelassen; es ist schon leicht unverantwortlich, etwa einen Ortler-Hintergrat, nur weil es dort ein paar Sicherungen gibt, in ein Buch dieser Art aufzunehmen – wie es auch bereits geschehen ist.

Klettersteige sind keine Spazierwege; in derart steilem Gelände kann jeder Fehltritt böse Folgen haben. Es sollte auch niemand diese Wege mit Zittern begehen, sondern seinen Spaß an dem abwechslungsreichen und abenteuerlichen Turnen im Felsgelände haben. Um das zu erreichen, müssen zwei Bedingungen erfüllt sein. Einerseits sollte man gewisse Voraussetzungen mitbringen, körperlich entsprechend fit sein, das bezieht sich vor allem auf die Trittsicherheit, die Schwindelfreiheit und die Kondition, und ein solides alpines Grundwissen haben, um Wetter, Schneeverhältnisse usw. richtig beurteilen zu können. Aber auch die innere Einstellung muß stimmen, dazu gehört die Wahl der geeigneten Tour, die Vernunft, die Selbstkritik, das Bestreben, dazuzulernen ... Wie oft bringt man sich doch selbst in die größten Schwierigkeiten durch übertriebenen Ehrgeiz, Fehleinschätzen des eigenen Könnens, Starrköpfigkeit ...

Rundum zufrieden und glücklich zurückzukehren, das sollte die oberste Leitlinie sein – und das wünscht Ihnen auch Ihr

◄ *Abstieg am Westgrat der Marmolada.*

◄◄ *Vielen ermöglichen erst die Klettersteige ein Vordringen in die ganz großen Felsbereiche der Dolomiten. Das Bild zeigt das Angeliniband an der Moiazza Sud, einem mächtigen Gipfel südlich der Civetta.*

◄◄◄ *Am Hindelanger Klettersteig (Allgäuer Alpen)*

Inhalt

VIII. Westliche Dolomiten

IX. Östliche Dolomiten

X. In den südöstlichen Kalkalpen

Klettersteige – neue Perspektiven oder Unsinn?

„... man muß von massiver Zerstörung sprechen...", „geradezu pervers, den Berg mit Stahl zu vergewaltigen...". Hoppla, das sind schon reichlich aggressive Töne. Und den Tatsachen werden sie zudem keineswegs gerecht! Eifersucht der Kletterer? Verursacht nicht eine Seilbahn oder eine längere Forststraße schmerzlichere Eingriffe in die Natur als alle Klettersteige zusammengenommen? Zudem halten sich ja gerade im reinen Felsgelände die Schäden in Grenzen. Aber deshalb soll natürlich nicht einem wahllosen Bau von Eisenwegen das Wort geredet werden. Bei der Neuanlage von Klettersteigen, die bestimmt nicht ausbleiben wird, sollte man unbedingt das Gießkannenprinzip vermeiden. Eine neu erbaute fünfte Route an der Alpspitze brächte kaum eine Änderung, eine Via ferrata hingegen über die Nordkante der Spritzkarspitze (Karwendel) würde einen Berg aus seinem Dornröschenschlaf reißen.

Stark gesicherte Wege gibt es schon lange. So wurde 1893 der Höllentalaufstieg zur Zugspitze eingeweiht und 1899 der berühmte Heilbronner Weg eröffnet. Wollen wir ein einigermaßen gerechtes Urteil finden, dann müssen wir uns über eines klar sein: Für die Wege damals gab es genauso wenig eine Notwendigkeit wie für die verrücktesten Klettersteige heute. Sie alle dienen ohne Ausnahme dem Vergnügen der Bergsteiger und nichts anderem. Und genau an diesem Maßstab müssen wir auch die neu erbauten Anlagen messen. Natürlich sind auch hier - wie so oft - die Geschmäcker verschieden. So gehört es ganz bestimmt zum Unsinnigen, den Bocchetteweg in der Brenta, also das Queren eines Bergmassives ohne Gipfelbesteigung, als das Ideale hinzustellen.

Der Massenansturm an schönen Wochenenden am Monte Albano oder an der Cima Garzolet im Trentino beweist, daß selbst äußerst steile und glatte Superkletterwände ihre Liebhaber finden. Mir persönlich gefällt das Feuerleiterartige mancher Klettersteige weniger. Ich schätze vor allem jene Anlagen, die durch stark gegliedertes, möglichst abwechslungsreiches Felsgelände führen, die voller Überraschungen stecken, mit kurzen Kletterstellen, bequemen Absätzen dazwischen usw. Für mich stellt zudem das Erreichen eines Gipfels durchaus eine Krönung dar. Deshalb ziehe ich zum Beispiel den Cristallo di Mezzo einem Pisciadù-Klettersteig vor und empfinde Grattouren wie den Mittenwalder Höhenweg oder die Überschreitung der Schafalpenköpfe, aber auch die Via ferrata delle Trincèe an der Mèsola als besonders schön und abwechslungsreich.

Also, Art und Stil der Klettersteige sind Geschmacksache, doch die Erbauer dieser Anlagen tragen auch eine große Portion Verantwortung. Und leider lösen nicht alle ihre Aufgaben befriedigend. Wer einen gesicherten Weg schafft, muß ihn unbedingt mit viel Sorgfalt warten. Zum Glück für die vielen Klettersteigfreunde sind stärker beschädigte Anlagen die Ausnahme. Ein viel ernsteres Kapitel jedoch sind ungeschickte oder gar unverantwortliche Trassenführungen. Es ist bestimmt nicht im Sinne dieses Freizeitvergnügens, durch andere Begeher mit Steinen „beschossen" zu werden. Vor allem Schluchten gehören zum Gefährlichen, und die Steige sollten sie so weit wie möglich meiden. Richtig schlimm wird die Sache dann, wenn ein Weg im brüchigen Gelände hoch über anderen Passagen desselben Steiges entlangführt. Ein ausgesprochenes Negativbeispiel in dieser Richtung findet man am Frischenkofel in den Karnischen Alpen. Ein kurzer Klettersteig führt durch die Nordostschlucht, dessen oberste Partie durch ausgesprochen lockeres Gestein führt. Dort zieht man sich an einem frei hängenden Drahtseil im erdigsteinigen Hang empor. Was hier abgetreten wird, gefährdet die Nachkommenden an den verschiedensten Stellen. Es ist völlig unverständlich, wie man an einem so abwechslungsreichen, so stark gegliederten Felsberg ausgerechnet eine derartig steile Rinne, in der sich zudem noch besonders lange der Schnee hält, als Klettersteig herrichtet — es hätte am gleichen Massiv andere, weniger gefährliche und viel interessantere Möglichkeiten gegeben. Ähnliche Beispiele bieten der Koschutnikturm in den Karawanken, der Leiteranstieg zum Montasch oder die Via ferrata Merlone auf die Nordöstliche Cadinspitze.

Am Sentiero SOSAT in der Brentagruppe. Die eindrucksvollste Stelle an diesem Steig, der die Brenteihütte mit der Tucketthütte verbindet, ist die Überquerung der Westschlucht an der Punta di Campiglio.

Zum Gebrauch des Buches

Wegbeschreibungen. Detaillierte Routenbeschreibungen der einzelnen Anstiege gibt es in diesem Buch nicht. Es soll den Leser anregen, ihm den Mund wäßrig machen, beim Planen helfen, alte Erinnerungen auffrischen, aber nicht einen Führer ersetzen. Einerseits erschienen beim Bergverlag Rother fünf entsprechende Bände, in denen die meisten Touren in guter Weise beschrieben sind, andrerseits braucht man für die fast immer ausreichend bezeichneten Wege keine minutiösen Angaben. Der Leser profitiert mehr davon, wenn er über den Charakter einer Tour etwas erfährt und über all das, was im weiteren Sinne dazugehört, wie die Landschaft, die Berge rundum, die ganz eigene Note des jeweiligen Unternehmens . . .

Schwierigkeiten. Wirklich konkrete Schwierigkeitsangaben zu Klettersteigen lassen sich nicht machen, da gerade bei dieser Art von Touren das Persönliche eine große Rolle spielt. Wer zum Beispiel wenig „Schmalz" in den Armen hat, der wird jene Stellen als besonders unangenehm empfinden, an denen er sich mit Armkraft am Seil hinaufziehen muß. Andere zögern vor besonders ausgesetzten Stellen, und mancher fühlt sich plötzlich unsicher, wenn es gilt, Freikletterstellen ohne Sicherungen zu überwinden. Wir haben uns deshalb bemüht, jeweils direkt auf die Art der Schwierigkeiten einzugehen, sie ein wenig zu charakterisieren. Vorübergehende Erschwernisse wie Schnee, Eis usw. werden selbstverständlich nicht aufgeführt, da sie ja ständig Veränderungen unterliegen (siehe Kapitel „Gefahren").

Schwierigkeitsgrad I. Im Text erscheint immer wieder diese Bezeichnung, weshalb sie hier kurz erklärt werden soll: Es ist die einfachste Form von freier Kletterei, also ein Klettern ohne Sicherungen. Der weniger Geübte und Geschickte wird sich unsicher fühlen, sobald die Drahtseile fehlen. Er sollte dann unbedingt seine Trittsicherheit schulen, denn Kletterstellen im Schwierigkeitsgrad I müssen bei mancher Tour in diesem Buch überwunden und deshalb beherrscht werden.

Gehzeiten. Bei Klettersteigen ist auch die Angabe von Gehzeiten ein fast unlösbares Problem, allzu unterschiedlich ist das Tempo. Die angegebenen Zeiten entsprechen einem zügigen Vorwärtskommen. Wer unterwegs stets eine Selbstsicherung einhängt oder an schwierigeren Stellen erst suchen und probieren muß, sollte auf jeden Fall mit mehr Zeit rechnen. Also Vorsicht: Die Zeiten sind eher knapp als zu reichlich berechnet.

Angaben von Längen und Höhen. Die wenigsten Klettersteige sind durchgehend gesichert, fast überall werden die Felsstellen vom Gehgelände unterbrochen. Man wandert dann einige Zeit auf Gras, Geröll, Schnee usw., bis dann wieder eine Steilstufe überklettert werden muß. Aus diesem Grund ist es wenig sinnvoll, Angaben über Höhenunterschiede oder Weglängen der Klettersteige zu machen. Man denke z. B. an den Alpinisteig in den Sextener Dolomiten mit seinen sehr, sehr langen kletterfreien Passagen. Die Längenangaben in Artikeln oder Führern sind — zwangsläufig — meist recht ungenau, oft auch stark übertrieben. So heißt es zu dem neuen Klettersteig an der Ochsenwand in den Kalkkögeln, er wäre 700 Meter hoch. Ich habe bei der Begehung die echten Kletterstellen zusammengezählt und bin dabei nicht einmal auf 300 Höhenmeter gekommen.
Sie werden deshalb in diesem Buch detaillierte Angaben vermissen; nur die Gesamthöhe einer Wand und dergleichen ist aufgeführt.

Sperti, Berti, Sartor, Boveri — das Kreuz mit den Namen. Bei Gesprächen muß man immer wieder feststellen, daß die diversen Bepi Zac, Dino Buzzati, Mario Zandonella, Gianni Costantini nur allzu leicht verwechselt werden. Einem deutschen Gehirn prägen sich die italienischen Vor- und Familiennamen eben nicht so leicht ein (auch den Mindelheimer und den Hindelanger Steig im Allgäu können die Gebietsfremden nur schwer auseinander halten). Aus diesem Grund wurde in dem Buch immer dann, wenn der Steig ein konkretes Ziel ansteuert, dieses als Überschrift angegeben und nicht der Name des Steiges. So finden Sie die Via ferrata Michielli-Strobel unter der Bezeichnung Punta Fiames. Zudem sind — mir persönlich — die Berge immer noch wichtiger als Sponsoren, Vereinsvorstände usw.

Stützpunkte. Viele Touren kann man an einem Tag vom Tal aus durchführen. Ist jedoch — wie bei manchen Brentasteigen — eine Hüttenübernachtung notwendig, sollte man sich schon von Anfang an mit Geduld und Gleichmut wappnen. Ende Juli und in den ersten drei Wochen im August herrscht vor allem in den Dolomiten überaus reger Andrang. Falls nicht anders erwähnt, sind alle Hütten des DAV, OeAV, CAI usw. voll bewirtschaftet. Man braucht also nicht unbedingt seinen Proviant hinaufzutragen (nur einen gefüllten Geldbeutel).

Durchquerungen, Rundtouren. Warum ist noch heute die Brenta das begehrteste aller Klettersteiggebiete? Ganz einfach: In anderen Gegenden gibt es da und dort mal einen Steig, der irgendwo beginnt und irgendwo endet, während sich in der Brenta die Anlagen zu einer großartigen Rundtour aneinander hängen und mit stolzen Gipfeln wie etwa der Cima Tosa noch zusätzlich garnieren lassen. Aber liegt es nicht ausschließlich an uns, auch in anderen Berggruppen derartige Rundtouren und Durchquerungen zu unternehmen? Dieses Buch möchte Ihnen bei der Zusammenstellung der Touren helfen. Es handelt sich bei diesen Routen nahezu ausschließlich um angelegte Wege, deren Begehen für einen Klettersteig-Könner keine Probleme bieten dürfte. Man sollte jedoch stets eine Landkarte mitnehmen.

Auf Leitern lassen sich natürlich auch die steilsten Felspassagen ohne Schwierigkeiten überwinden.

Vor allem für die Klettersteige in den Südlichen Kalkalpen gehört absolute Schwindelfreiheit zu den Voraussetzungen, sonst wird das Begehen derartiger Bänder (am Campanile alto in der Brenta) zur schlimmen Nervenbelastung.

Voraussetzungen

Kleidung und Ausrüstung. Dieses Buch beschreibt Klettersteige und ist keine Grundschule zum Bergsteigen. Deshalb wird dieses Kapitel ganz kurz ausfallen. Man trägt natürlich auch bei unseren Touren die übliche Bergsteigerkluft, die den jeweils herrschenden Bedingungen angeglichen wird. Schließlich ist es ein bedeutender Unterschied, ob man in tausend Meter Höhe an der Hohen Wand bei Wien oder oberhalb der Dreitausend-Meter-Grenze am Westgrat der Marmolada unterwegs ist. Man sollte jedoch nie Schuhe mit zu weichen Sohlen tragen, mit ihnen hat man auf kleinen Tritten und auf Stiften keine ausreichende Standfestigkeit. Von Anseilgurt, Seilstück und Karabiner wird im Kapitel „Selbstsicherung" die Rede sein. Für viele Routen, vor allem wenn sie durch Flanken und Wände führen, sei ein Steinschlaghelm dringend empfohlen. Bekanntlich ist Eisen beim Angreifen besonders kalt. Wer kälteempfindliche Hände hat, sollte sich zudem ein Paar Leder- oder Kunstlederhandschuhe beschaffen (zusätzlich zu den wollenen), denn nur sie geben während des Kletterns auch am Drahtseil einigermaßen Halt. Liegt noch Schnee in den Rinnen, dann leistet ein Eispickel gute Dienste.

Vernunft. Es sind weniger die Gefahren der Berge, die zu Unfällen führen, als vielmehr drei menschliche Eigenschaften: Mangel an Wissen und Können, fehlende Vernunft und Selbstüberschätzung. Wer auf die Dauer auch bei seinen Bergtouren einigermaßen sicher leben will, der sollte:

- sich nie Ziele aussuchen, die an der Obergrenze seines Können liegen; man braucht für Unvorhergesehenes (zum Beispiel bei regenglattem Fels) immer eine Sicherheitsreserve;

● im Zweifelsfall rechtzeitig umkehren; damit fällt niemandem ein Stein aus der Krone — ganz im Gegenteil!;

● sich nie vom Ehrgeiz treiben lassen; es gibt immer Bergsteiger, die besser und schneller sind — warum das nicht neidlos anerkennen?

Bergsteigerisches Können. Auch wenn die Touren dieses Buches ausschließlich auf angelegten Wegen verlaufen, braucht man doch unbedingt ein solides alpines Grundwissen und -können. Dazu gehören die Themen Orientierung, Wetter, Einschätzen der herrschenden Verhältnisse, Erste Hilfe — und Vernunft. Da dies ja, wie schon gesagt, kein alpines Lehrbuch ist, sei auf die Fachliteratur verwiesen. Besondere Bedeutung kommt unterwegs dem Vorausschauen und dem ruhigen Überlegen zu, um zum Beispiel nicht von einem Gewitter oder vom Nebel überrascht zu werden.

Trittsicherheit und Geschicklichkeit. Die Trittsicherheit gehört zum unbedingt nötigen Rüstzeug. Beobachtungen unterwegs zeigen, daß manchem Klettersteiggeher die Voraussetzungen fehlen. Wer sich ängstlich und verkrampft ans Drahtseil klammert, ist der Sache nicht gewachsen. Man muß immer seine aufrechte Haltung bewahren, den Körper stets eher etwas nach außen geneigt als nach innen. Den Aufstieg besorgen fast ausschließlich die Füße, die Hände halten hauptsächlich das Gleichgewicht (man zieht sich möglichst nicht an ihnen empor). Trittsicherheit kann man trainieren. Wir haben dem Hauptteil des Buches ein ganzes Kapitel vorangesetzt, das Anregungen zu entsprechenden Trainingstouren bietet. Erst beim Beherrschen dieser Touren kann man sich an größeres wagen.

Klettertechnik und schadhafte Sicherungen. Es gibt immer wieder einmal Unfälle — auch tödliche — infolge einer schadhaften Sicherung. Doch im Verhältnis zur Zahl der Begeher sind diese Unfälle äußerst selten. Wie im Straßenverkehr bleibt auch im Gebirge trotz aller Vorsichtsmaßnahmen ein Restrisiko, das sich jedoch mit Bedacht auf ein Minimum beschränken läßt. Und davon sollte man sich unterwegs nicht die Ruhe rauben lassen.

Bei Sicherungen im extrem steilen Gelände kommt man manchmal nicht darum herum, sich wirklich an das Drahtseil zu hängen (beim Abstieg verstärkt), sein Leben also ganz dieser Hilfe anzuvertrauen. Doch soll das die Ausnahme bleiben. Richtig ist es, das Körpergewicht weitgehend auf die Tritte zu verlagern und mit den Armen hauptsächlich das Gleichgewicht zu halten. So wird auch das Drahtseil lange nicht so stark belastet. Ferner ist es unbedingt notwendig, stets voll konzentriert bei der Sache zu sein. Man erkennt dann fast immer, welche Klammern und Stifte mit Vorsicht zu genießen sind. Achtung bei Drahtseilen, die nicht straff verankert sind! Hängt sich plötzlich ein anderer mit seinem ganzen Gewicht ans Seil, kann man einen gefährlichen Ruck bekommen. Der Rat, jedes Drahtseil mit einem kräftigen, ruckartigen Ziehen zu testen, ist graue Theorie. Das müßte ja bei einem längeren Steig Hunderte von Malen geschehen, außerdem gefährdet man dabei andere Begeher.

Selbstsicherung. Bei den Klettersteiggehern hat es sich eingebürgert, eine Selbstsicherung zu verwenden. Man braucht dazu:

1 Anseilgeschirr aus Brust- und Sitzgurt
1 Klettersteig-Karabiner (etwas größerer Durchmesser) mit selbsttätigem Drehverschluß
1 Seilstück von 11 bis 11,5 mm Durchmesser und 2 m Länge
1 Klettersteig-Bremse.

Einbinden: Zum Abbinden des Anseilgurtes wird das Seilstück verwendet, man knüpft am besten einen Sackstich. Im Abstand einer Armlänge bindet man in das andere Ende des Seilstückes den Karabiner ebenfalls mit einem Sackstich.

Anwendung: Beim Gehen im exponierten Gelände klinkt man den Karabiner ins Drahtseil und läßt ihn mitlaufen. Bei jeder Verankerung muß der Karabiner selbstverständlich umgehängt werden.

Methode mit zwei Seilenden: Man kann auch ein Seilstück von 3,5 Meter Länge verwenden und in die beiden Enden je einen Klettersteig-Karabiner knüpfen. So bleibt man auch beim Umhängen stets an einem Karabiner gesichert. (Meine Meinung dazu: Man kann es auch übertreiben!)

Die Methode des Selbstsicherns wirkt beim ersten Hinsehen wie das Ei des Kolumbus, doch bei näherem Beschäftigen mit dem Thema wachsen die Bedenken und nehmen die Einschränkungen zu.

● Bei steil herablaufendem Drahtseil kommen trotz der Selbstsicherung schnell Sturzhöhen von fünf und mehr Metern zusammen. Dies reicht einerseits zum Brechen des Karabiners oder zum Riß des Seilendes (der Sturz wird wegen der Kürze des Seiles überaus hart abgefangen; deshalb Einführung der Klettersteig-Bremse), andererseits für ernste Verletzungen.

● Das so häufige Umhängen des Karabiners ist eine mühsame und lästige Beschäftigung, es beeinträchtigt damit die Tour. Die Selbstgesicherten sind zudem oft ein Hindernis bei ‚Gegenverkehr'. Außerdem muß man immer wieder beobachten, daß sich vor allem die zweite Schlinge (Methode mit zwei Seilenden) verhängt — und das ist eine nicht zu unterschätzende zusätzliche und damit eigentlich unnötige Gefährdung.

● Ungleich einschneidender aber ist die psychologische Bedeutung des Problems. Die — scheinbare — Sicherheit verleitet zu wesentlich mehr Unaufmerksamkeit und Leichtsinn. Viele suchen sich dann Touren aus, denen sie nicht gewachsen sind. Wer die Alpspitz-Ferrata oder das 10-Meter-Wandl zwischen Gamsscharte und Paternkofel nur mit Selbstsicherung zu gehen wagt, der ist hier fehl am Platz und er beweist damit nur sein mangelhaftes Können. Er wäre gut beraten, in Zukunft einfachere Touren zu wählen. Wer meint, er könne fehlende Trittsicherheit, Geschicklichkeit, Kondition usw. durch technische Hilfen ausgleichen, der unterliegt einem — auf die Dauer wirklich gefährlichen — Trugschluß. Man muß das Gelände bei normalen Verhältnissen sicher beherrschen, um auch mit besonderen Situationen fertig zu werden. Man denke nur daran, wie oft in den Rinnen das Drahtseil unter dem Schnee vergraben ist! Also, wer allzu eifrig seine Selbstsicherung einhängt, beweist damit eher seine fehlende Souveränität als besondere Vorsicht. Selbstüberschätzung und die Wahl zu anspruchsvoller Touren sind die größten aller alpinen Gefahren!

Sichern mit dem Seil. Grundsätzlich wäre es durchaus richtig, schwächere Partner, wie beim freien Klettern, mit dem Seil zu sichern (die entsprechenden Techniken siehe Fachliteratur). Es gibt hier jedoch ein Problem: Sobald ein Klettersteig stärker besucht ist, und das trifft bei vielen Anlagen zu, blockiert man so das Weiterkommen der anderen, braucht man für diese Methode doch etwa die doppelte Zeit. Sie erfüllt zudem nur dann ihren Zweck, wenn auch wirklich fachmännisch gesichert wird. Das Gehen am ‚laufenden Seil', d. h. beide Partner sind gleichzeitig unterwegs, wie man es immer wieder beobachten muß, verhilft zu keiner Sicherheit — ganz im Gegenteil, so entstehen neue Gefahren. Rutscht zum Beispiel der Untere aus, so reißt der unerwartete Ruck von hinten zwangsläufig auch den Oberen aus dem Stand. Zudem verhängt sich das beim gleichzeitigen Gehen meist lockere Seil allzu leicht, und nicht zuletzt wächst durch das schleifende Seil die Steinschlaggefahr für Nachkommende.

Also auch hier: Wer einer Tour nicht gewachsen ist, sollte Einfacheres auswählen; es bieten sich genug Möglichkeiten!

Orientierung. Die in diesem Buch beschriebenen Steige, ihre Zugänge und auch die Abstiege, sind fast ohne Ausnahme ordentlich angelegt, markiert und oft beschildert. So bereitet das Zurechtfinden meist — relativ — geringe Mühe. Manchmal hat man allerdings Probleme, überhaupt den Steigbeginn zu finden. Wie kommt man zum Beispiel zum Einstieg des Oskar-Schuster-Steiges am Plattkofel? Wir haben im Text deshalb zu jedem der Steige Talort und Ausgangspunkt angegeben. Man sollte aber zusätzlich jeweils die entsprechende Karte dabeihaben. Ein Handicap: Viele der Steige wurden erst vor kurzem erbaut und sind in den Karten noch gar nicht eingetragen.

Klettersteige im Abstieg. Es gibt keinen Grund dafür, daß man Klettersteige stets im Aufstieg begehen soll oder gar muß. Es kostet weniger Kraft und es ist technisch einfacher, sich an den Armen hinunterzulassen, als sich an ihnen emporzuziehen. Den Unsicheren wird vielleicht das häufige Ausweichen bei „Gegenverkehr" unangenehm sein. Dem Geschickten und Schnellen wiederum ist dieses Ausweichen bestimmt lieber, das kostet weniger Mühe, als Langsame zu überholen.

Mit Kindern auf Klettersteigen. Klettern gehört zu den großen Vorlieben der Kinder — das wissen viele noch aus eigener Erinnerung. Die meisten klettern mit Leidenschaft. Das heißt aber noch lange nicht, daß sie auch begeisterte Klettersteiggeher sein müssen. Viele schätzen die Felsen nur in ihnen entsprechenden Größenordnungen; oft macht es ihnen mehr Spaß, in einem Blockfeld herumzukraxeln, als eine Dolomitenwand zu durchsteigen. Kleinräumiges Gelände mit kurzen Stufen entspricht ihnen am meisten, glatte, hohe und ausgesetzte Wände am wenigsten, dort packt sie nur allzu rasch eine lähmende Angst. Mir wird eine Begegnung mit einer Familie im oberen, steileren Teil des Pisciadù-Klettersteiges unvergeßlich sein; selten habe ich so furchtverzerrte Gesichter bei Kindern gesehen!

Gefahren

Steinschlag. Dies ist die tückischste Gefahr für alle Klettersteigbegeher. Im glatten und schwierigen Fels hat man kaum die Möglichkeit auszuweichen oder sich zu schützen. Man hängt natürlich beim Nahen von Steinschlag augenblicklich seine Selbstsicherung ein. Außerdem sollte man sowieso immer einen Steinschlaghelm tragen. Ist das Gelände gegliedert, dann kann man sich eventuell unter Überhängen verbergen, oft hilft es auch schon etwas, sich nahe an sehr steile Felspartien zu schmiegen, da die Steine ja in weiten Sätzen herabgejagt kommen. Steht man auf einem bequemen Absatz, dann behält man zudem den oder die Steine im Auge; manchmal kann man ihnen im letzten Moment noch durch eine rasche Bewegung ausweichen. Vor dem Steinschlag davonzulaufen hat nur dann einen Sinn, wenn man rechtzeitig einen sicheren Schutz erreichen kann. Ist dies nicht möglich, dann bleibt man besser stehen, weiß man doch nie, welchen Weg der Stein nach seinem nächsten Aufschlagen nimmt, und beim Laufen muß man sich auf den Boden konzentrieren und kann den Stein nicht beobachten.

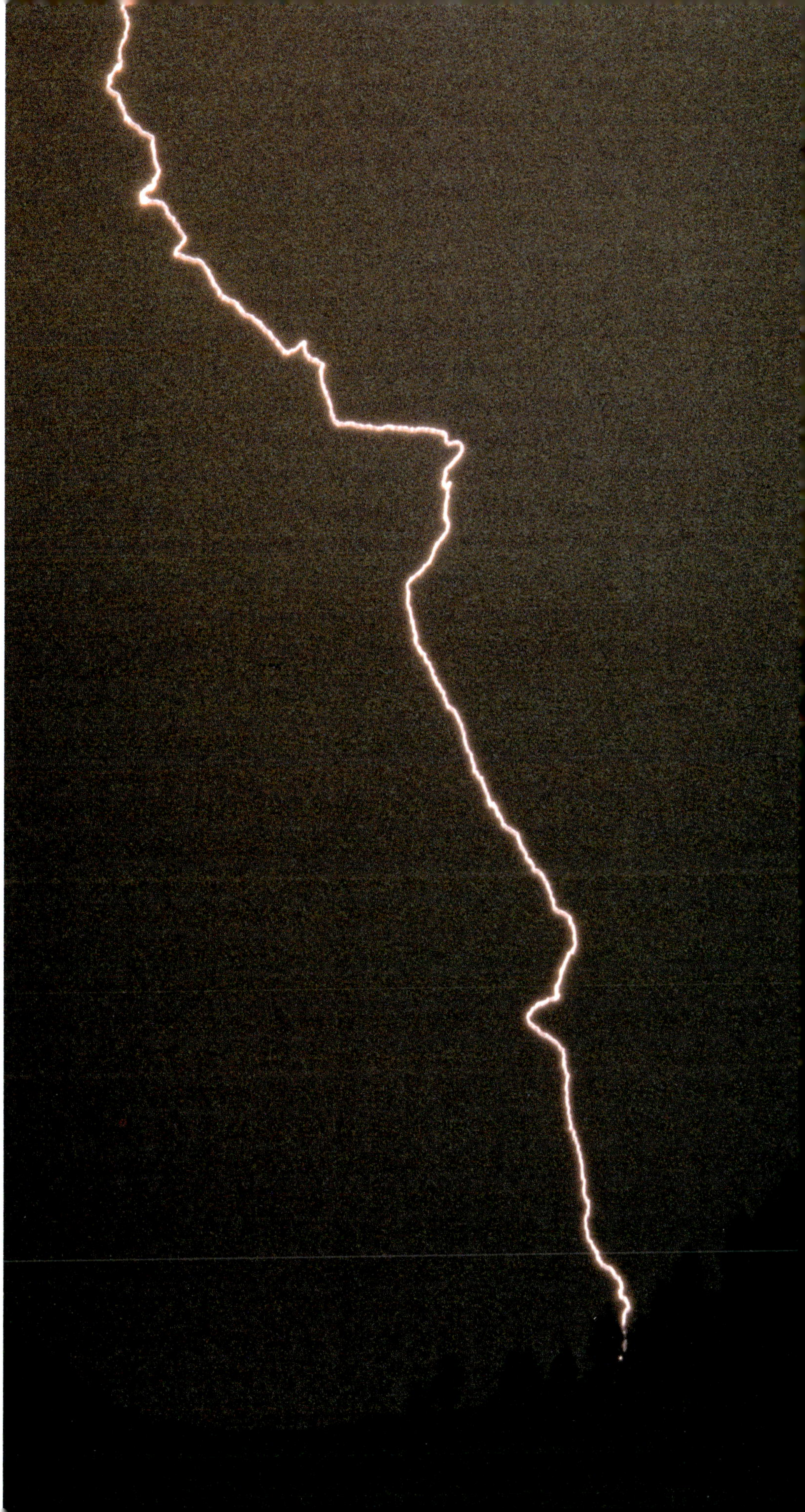

Klettersteige sind Blitzableiter — und damit an gewitterverdächtigen Tagen tabu!

Am Bocchetteweg in der Brenta.

Auch beim Steinschlag helfen Ruhe und vernünftiges Überlegen, die Gefahr etwas zu verringern. Man wird zum Beispiel besonders gefährliches Gelände wie Rinnen so schnell wie möglich durchsteigen und dann lieber an einer geschützten Stelle verschnaufen. In sehr vielen Fällen wird der Steinschlag durch vorausgehende Bergsteiger ausgelöst. In besonders gefährdeten Bereichen wartet man, bis oberhalb wieder Ruhe eingekehrt ist. Und um nicht andere zu gefährden, sollte man zudem unbedingt ein „sauberes“ Gehen lernen. So tritt man, wenn irgend möglich, nicht auf schuttbedeckte Absätze, sondern immer auf den Fels, und läuft beim Abstieg nicht gedankenlos im steilen Schutt abwärts, wenn das Gelände nach unten abbricht.

Eine grobe Gedankenlosigkeit, die man immer wieder beobachten muß, ist das Anseilen unmittelbar unter dem Einstieg. Dazu nämlich sollte man unbedingt so weit vom Fels bleiben, daß einen der Steinschlag nicht mehr erreichen kann!

Altschnee. Klettersteigbegeher sind — hoffentlich — mündige Menschen. Deshalb wird im Text dieses Buches nicht bei jedem einzelnen Berg erneut auf die Möglichkeit von Schneefeldern hingewiesen. Bestimmt ist jedem klar, daß der Schnee, der sich vor allem in geschützten Rinnen und in Lawinenkegeln lange hält, eine Begehung unmöglich machen kann. Weiß man über den momentanen Zustand des Steiges nicht Bescheid, dann muß man sich eben ganz gezielt erkundigen, etwa bei einem Hüttenwirt, im Tal im Verkehrsbüro, bei ortsansässigen Bergführern usw. Natürlich läßt sich der eine Steig früher im Jahr begehen als ein anderer. Das hängt mit der Höhe und der Himmelsrichtung zusammen — wie ebenfalls jeder wissen wird. Woran man jedoch weniger denkt: Auch Wetter und Tageszeit spielen eine Rolle: Im vereisten Zustand ist manches Schneefeld lebensgefährlich, bei Firn läßt es sich recht gut begehen. Und das hängt einzig und alleine von den herrschenden Temperaturen ab.

Neuschnee und Vereisung. Die Meinung, die man immer wieder lesen muß, bei Neuschnee oder Vereisung dürfe man auf keinen Fall eine Tour in der Größenordnung der in diesem Buch vorgestellten unternehmen, ist nicht haltbar. Man sollte hier nichts verallgemeinern! Letztlich bleibt der Erfolg immer eine Frage des Könnens, wobei man sich jedoch bewußt sein muß, daß die Tour dann ein beträchtliches Stück schwieriger ist. Und auch an folgendes sollte man denken: Bei steilen Grasschrofen ohne Sicherungen machen Neuschnee und Eis viel mehr aus als bei sehr ausgiebig gesicherten Anlagen wie etwa der Alpspitz-Nordwandführe. Der Neuschnee kann zudem die Markierungen verdecken und dadurch die Orientierung stark erschweren. Oft herrschen auch am ersten warmen Tag nach den Neuschneefällen ungünstige Verhältnisse. Das überall herablaufende Wasser macht die Felsen unangenehm naß und schmierig, im Steilgelände, vor allem bei Gras, können einen zudem Naßschneerutsche gefährden. Auch die Steinschlaggefahr ist dann größer.

Grasschrofen und Nässe. Zumindest die gesicherten Steige folgen oft den flachsten Passagen in Flanken und Wänden, die meist stark mit Gras bewachsen sind. Wo das Gras weggetreten wird, kommt die Erde zum Vorschein. Bei Nässe ergibt das eine höchst gefährliche Schmierschicht, die doppelte Vorsicht erfordert. Schon mancher ist deshalb abgestürzt. Schwierigkeiten können auch die rundgetretenen Felsen bereiten, die manchmal, wie in den Schöngängen der Alpspitze, wie Marmor poliert sind. Auch hier ist bei Nässe allergrößte Vorsicht und Sorgfalt geboten!

Gewitter. Auf Klettersteigen sind Gewitter besonders gefährlich, weil die Drahtseile wie Blitzableiter wirken können. Man wird deshalb an gewitterverdächtigen Tagen nur Klettersteige begehen, die einen schnellen Abstieg erlauben. Sieht man ein Gewitter heranrücken, dann steigt man so rasch wie möglich hinab. Noch etwas ganz Wichtiges: je früher man aufbricht, desto geringer wird die Gefahr, in ein Gewitter zu kommen.

Schlampereien. Hier muß einmal ein ganz energisches Wort gesprochen werden! Auf der einen Seite treibt mancher einen großen Aufwand für die Sicherheit, etwa indem er zwei Selbstsicherungen anwendet, und ist dann gleichzeitig in anderer Beziehung lebensbedrohend schlampig. An den Sicherungsanlagen gibt es eine Fülle von Möglichkeiten, um hängenzubleiben; und ein völlig unerwarteter Ruck nach hinten ist ja besonders gefährlich. Man darf sich also niemals den Anorak oder Pullover umbinden, sollte zu lange und schlecht gebundene Schuhbänder, offene Bündchen an den Hosen, auch umgehängte Fotoapparate usw. unbedingt vermeiden. Schließlich gibt es Rucksäcke, in denen man alles so verstauen kann, daß es schnell wieder zur Hand ist.

I. Die ersten Gehversuche im Fels

28 Voralpengipfel

Kein Meister fällt vom Himmel, wohl aber stürzt hin und wieder ein Wanderer vom Berg — wenn ich ein so ernstes Thema mit diesen saloppen Worten beginnen darf. Doch nicht nur die Wanderer, ebenso die Bergsteiger, die Kletterer, ja, auch die Superalpinisten verunglücken, und zwar durchaus nicht seltener als die so verschrieenen und vielgescholtenen Halbschuhtouristen. All diese Unfälle haben meist die gleiche Wurzel: mangelndes Wissen und Können gepaart mit Leichtsinn und Überheblichkeit. Auf die Dauer lebt es sich im Gebirge eben nur dann einigermaßen sicher, wenn man sein Metier wirklich beherrscht. Wer unterwegs des öfteren Angst hat und verzweifelt seinen Schutzengel anruft, der packt die Sache falsch an. Man muß sich unbedingt einen ganz soliden Grundstock an Können — hier vor allem bei der Trittsicherheit — und an Wissen aneignen und zudem seine eigene Leistungsfähigkeit und deren Grenzen kennen lernen. Der Klettersteigneuling sollte ganz bescheiden anfangen, sich erst einmal hineinfinden in diese neue Disziplin, vertraut werden mit der Materie Fels, das richtige, bedächtige, absolut sichere Gehen lernen, sich an die Tiefe und Ausgesetztheit gewöhnen. Wie ängstlich und verkrampft klammern sich viele an das Drahtseil, rauben sich selbst durch die falsche Körperhaltung den sicheren Stand!

Auf den nächsten Seiten erscheinen Kurzbeschreibungen von kleinen, bescheidenen, aber durchaus reizvollen Zielen an noch relativ niedrigen Bergen, wo man sich die ersten Sporen verdienen kann, und die sich gut für einen Test eignen. Ganz bewußt gibt es auch ein paar Felsrouten unter diesen Vorschlägen, die nur wenig oder gar nicht gesichert sind. Das richtige Gefühl für den Fels bekommt man nämlich nicht am Gängelband Drahtseil! Jeder Bergsteiger, der etwas anspruchsvollere Klettersteige anpackt, sollte sich unbedingt im naturbelassenen Fels des Schwierigkeitsgrades I sicher fühlen, gibt es doch immer wieder Passagen, an denen das Eisenzeug fehlt; oft führt auch der Rückweg durch ungesichertes Gelände. Wer sich bei den in diesem Kapitel vorgestellten Touren dann wirklich sicher fühlt, der kann beruhigt auch Klettersteige angehen und sich so Stufe für Stufe „empordienen.“ Trotzdem: Lieber etwas tiefstapeln, eine Sicherheitsreserve einplanen, als sich allzu forsch ans Anspruchsvolle zu wagen. Und sind nicht die Felstouren in den Voralpen auch das ideale Tummelfeld für den Erfahrenen, der zum Beginn der Saison wieder zu seiner alten Sicherheit zurückfinden will?

Drei-Schwestern- und Fürstensteig führen aus dem österreichischen Land Vorarlberg hinüber ins Fürstentum Liechtenstein - ein Panoramaweg 1500 Meter über dem Rhein.

Allgäu, Vorarlberg, Lechtal

1

Einen richtigen Klettersteigtest für Neulinge bietet der **Besler**, 1680 m, jene malerische Felsburg südlich des Riedbergpasses. Die etwa 50 Meter hohe, steile Gipfelwand wird von einem schrägen Riß durchzogen. Dort führen Sicherungen zum erstaunlich gemütlichen Gipfelplateau hinauf. Von Obermaiselstein und von Lochwiesen, beide Orte liegen nordwestlich von Oberstdorf, führen gute, markierte Steige hinauf zu den Gundalpen und weiter im typisch allgäuerischen Steilgrasgelände an den Ostfuß des Gipfels, der von hier unbesteigbar aussieht. Jeweils 2¾ Std.

2

Die Trittsicherheit läßt sich bei der Gratüberschreitung vom Heidenkopf, 1685 m, über den **Siplingerkopf**, 1745 m, zur Oberen Wilhelminealp hervorragend trainieren. Kleine Felsstufen, Steilgras und bequeme Absätze folgen rasch aufeinander. Zudem gibt es nur ein bescheidenes Steiglein, so daß man auch lernt, die Augen offen zu halten, um in dem etwas unübersichtlichen Gelände jeweils den richtigen Durchschlupf zu finden. Der beste Ausgangsort für diese Tour ist Balderschwang, 1044 m, das letzte Allgäudorf Richtung Bregenzerwald. 2½ Std. Aufstieg.

3

Nur ein bescheidener, waldüberzogener Voralpenberg, aber doch eine auffallende Felszackenkrone — so präsentiert sich der **Sorgschrofen**, 1638 m, dem von Norden Kommenden. Auf jedes Ende der fast waagrechten Gipfelschneide führt ein Steig, dazwischen liegt ein Kamm mit kleinen Felszacken. Die heutige Aufgabe besteht darin, die Felsköpfchen zu überschreiten; beim Auffinden der besten Möglichkeit helfen Steigspuren, doch dazwischen sind immer wieder Kletterstellen (ohne Sicherungen) zu meistern, für den Geschickten eine besonders reizvolle Aufgabe! Aufstieg von Unterjoch, 1013 m, oder von Jungholz, 1052 m, jeweils 1½ Std. bis zum Gipfelgrat.

4

Zum Vorarlberger Superaussichtsberg **Hoher Freschen**, 2004 m, ziehen zwei besonders interessante Routen empor, der Nord- oder Binnelgrat und der West- oder Valüragrat. Das ergibt von Ebnit, 1088 m, Zufahrt von Dornbirn, eine anspruchsvolle Rundtour, bei der man seine Kondition ebenso überprüfen kann wie die Trittsicherheit an den grasbedeckten, schrofigen und felsigen Graten (einige Sicherungen). 4 Std. Aufstieg.

5

Schon ausgiebig mit Sicherungen gespickt ist unsere zweite Tour in Vorarlberg, die Überschreitung der **Drei Schwestern**, 2052 m, und des **Kuhgrates**, 2105 m, auf dem Drei-Schwestern- und dem anschließenden Fürstensteig. Oberhalb des Sarojasattels (rechter Steig!) erwarten den Gipfelstürmer besonders spannende Wegstücke mit Drahtseilen, Leitern und überraschenden Felstoren. Und da die Steige etwa 1500 Meter hoch über dem Rheintal entlangführen — aus Vorarlberg ins Fürstentum Liechtenstein — begeistert nicht nur die Fernsicht in die Schweizer Berge, sondern auch der Tiefblick. Aufstieg von Amerlügen, 763 m, bei Feldkirch zum Grat 3½ Std., Überschreitung nach Gaflei oberhalb von Vaduz 2½ Std.

6

Nun ein weiter Sprung nach Osten ins Lechtal. Hier gibt es den Reuttener Höhenweg, der zur **Knittelkarspitze**, 2378 m, führt. Er zeigt schon Merkmale eines echten Klettersteiges. An den beiden Steinkarspitzen, 2227 m, werden mit Hilfe der Sicherungen ein paar steile, glatte Felspartien überlistet. Das Ganze ist eine lange, etwas abgelegene und damit nicht so überlaufene Bergfahrt, die zudem Orientierungsvermögen erfordert. Will man die Tour an einem Tag durchführen, dann sollte man in Kelmen, 1365 m, starten, einem noch erstaunlich ursprünglichen Bergdorf im Namloser Tal (Zufahrt von Stanzach im Lechtal oder von Berwang). Da es sich um kleine Wege handelt, ein paar Worte zum Aufstieg: Von Kelmen nach Norden in den Sattel zwischen Kelmer Spitze und Wetterkreuz. Dann Querung etwa waagrecht durch das Steinkar und ein weiteres Kar in die Scharte zwischen Galtjoch und Steinkarspitzen, wo man auf den eigentlichen Höhenweg trifft. Kelmen — Gipfel etwa 5 Std.

Bayerische Voralpen und Chiemgauer Alpen

7

Der Gratübergang vom **Herzogstand,** 1731 m, zum **Heimgarten,** 1790 m, bietet sich für ein allererstes Ausprobieren geradezu an. Dank des vom Walchensee heraufkommenden Sesselliftes wird der Ausgangspunkt der Tour mühelos erreicht. An den kurzen, teilweise gesicherten Felsstellen zeigt es sich dann, ob man einigermaßen schwindelfrei ist und sich selbstverständlich und sicher in diesem Gelände bewegt. Außerdem: Mag diese Gratwanderung auch eine beliebte Allerweltstour sein, so schmälert das nicht die Tiefblicke auf den Walchensee und den Kochelsee — richtige Raubvogelperspektiven, wie man sie in dieser Luftigkeit sonst allenfalls in der Schweiz oder dem Salzkammergut serviert bekommt. Lift — Heimgarten 2¼ Std.; bei Aufstieg zu Fuß etwa 1¾ Std. länger. Abstieg vom Heimgarten, von dort direkt nach Walchensee 1½ Std.

8

Das **Ettaler Manndl,** 1633 m, drüben in den Ammergauer Alpen stellt schon eine deutliche Steigerung gegenüber der Herzogstandtour dar. Auch hier herrscht nicht gerade Einsamkeit. Aber ist die Beliebtheit einer Bergfahrt nicht sogar ein großes Lob?! Zu den interessantesten Zielen kommen auch die meisten Menschen! Das Manndl ragt als kecker, doppelgipfliger Felsturm etwa 50 Meter über den bewaldeten Kamm empor. In der Ostwand ziehen Eisenketten steil über teilweise ausgesetztes Gelände zum Kreuz hinauf. Hier darf man sich keinen Fehltritt mehr leisten! Aufstieg von Ettal, 877 m, in 2 Std.; Übergang vom Laber, 1686 m, Bergbahn von Oberammergau, 1 Std.

9

Ganz kurz sei auf eine weitere, aussichtsreiche Grattour hingewiesen, den Weg vom Brauneck über den **Latschenkopf,** 1712 m, die felsigen **Achselköpfe,** 1707 m, und eine drahtseilgesicherte Stufe zum Gipfel der **Benediktenwand,** 1802 m. Gras, Latschen, ungefährliche Felsen und dazu ein Steinbockrevier an den Achselköpfen — das sind die Hauptmerkmale dieser Wanderung. Von Lenggries fährt man mit der Bergbahn zum Brauneck, 1555 m, und geht dann stets über den Grat bis zur Benediktenwand, 2½ bis 4 Std. Achten Sie auf die Zeitunterschiede! Das Vorankommen hängt hier eben mehr von der Trittsicherheit und der Geschicklichkeit als von der Kondition ab. Wie lange sind Sie unterwegs?

10

Ein besonderes Voralpen-Schmankerl bietet der **Brünnstein,** 1619 m, mit seinem Julius-Mayr-Weg, einem Klettersteig en miniature mit ein paar wirklich pfiffigen Stellen. So schlüpft man zum Beispiel gleich am Anfang durch einen ganz schmalen Spalt hinter einer Felsscheibe. In dem oberen Teil muß man dann ein paar etwas ausgesetzte, aber gesicherte Kletterstellen hinter sich bringen. Zufahrt von Oberaudorf im Inntal bis zur Rechenau, dann zu Fuß in gut 1½ Std. zum Brünnsteinhaus und in ¾ Std. zum Gipfel.

11

Die **Kampenwand,** 1669 m, ist die absolute Herrscherin unter den Felsbergen der bayerischen Voralpen. Dieser glattwandige Hahnenkamm ist unverwechselbar. Bei den Kletterern steht er seit jeher hoch im Kurs, gibt es hier doch Routen in allen Schwierigkeitsgraden. Aber auch dem Neuling bieten sich die verschiedensten Möglichkeiten, angefangen mit dem harmlosen Aufstieg (Drahtseil) zum Ostgipfel mit seinem großen Kreuz, über eine Besteigung des Staffelsteins durch die brüchige Südrinne (I), eine Kletterei zum Westgipfel (I und II) bis hin zur Erstürmung des Hauptgipfels (II+). Man kann auch ohne feste Route durch das Felsrevier der Kaisersäle stromern und sich selbst einen Durchschlupf auf die Felskämme suchen. Wahrlich eine reiche Auswahl, um seine „Felstauglichkeit“ zu erproben! Zur Kampenwand von Aschau im Chiemgau in 2½ Std. oder mit der Seilbahn.

12

Die wohl eindrucksvollste Tour des Chiemgaus führt durch die Täler der Kraxenbäche auf das **Sonntagshorn,** 1961 m. Sie gehört aber zu den ausgesprochen langen — 4½ Std. Aufstieg — und auch anspruchsvollen Bergfahrten. Tiefe Schluchten, Bäche mit ausgewaschenen Gufeln, kleinen Wasserfällen und Becken, schrofige Stufen mit leichter Kletterei und ein herrlich weiter Gipfelblick sind die besonderen Kennzeichen der Rundtour. Dabei ist der Steig durch das Mittlere Kraxenbachtal anspruchsvoller als jener durch das Hintere. Trittsicherheit und Geschicklichkeit muß man für diese Tour unbedingt mitbringen. Ausgangspunkt ist Laubau, 696 m, zwischen Ruhpolding und Reit im Winkl.

13

Unser letzter bayerischer Gipfel — der **Hochstaufen,** 1753 m — bildet die Scheide zwischen Chiemgau und Berchtesgadener Land und steht hoch und steil über der Kurstadt Bad Reichenhall (Tiefblicke!). Der Aufstieg über den Ostgrat wird auf dem Hinweisschild zwar als Klettersteig bezeichnet, hier muß man auch wirklich klettern — in netter und harmloser Weise —, es gibt jedoch keine Sicherungen. Das Ganze ist trotzdem eine reizvolle und kurzweilige Angelegenheit. Wer noch mehr erleben will, folgt dem Grat zum **Zwiesel,** 1782 m. Auch hier gibt es manche kleine Kletterstelle (teilweise gesichert). Talort ist Bad Reichenhall, von dort Auffahrt mit Pkw zur Padingeralm, 667 m; Aufstieg 3 Std., Übergang zum Zwiesel 2½ Std.

Das ist nicht der Zugang zur Unterwelt, sondern die Kluft zwischen dem Massiv und einer abgesprengten Felsnadel am Brünnstein in den Bayerischen Voralpen. Der Julius-Mayr-Weg führt durch diesen Spalt.

Salzkammergut

14

Aus den hier so tief eingefurchten Tälern bekommt man von den Vorbergen im Salzkammergut oft nur die dicht bewaldeten Abhänge zu sehen. Deshalb wird es der Durchreisende gar nicht glauben wollen, daß es gerade hier eine große Zahl von interessanten Wegen gibt, die Trittsicherheit erfordern und manche kleine, mehr oder weniger harmlose Kletterstelle bieten. Als auffallend kecke Felshörner ragen **Rettenkogel** und **Bergwerkskogel,** beide 1781 m, aus den Wäldern empor. Auf kleinen Steigen kann man beide Gipfel überschreiten; ein paar Felsplatten, Steilaufschwünge mit Drahtseil und Eisenstiften sorgen für eine spannende Tour. Das Ganze ist durchaus ein — relativ — anspruchsvolles Unternehmen, zu dem man einige Geschicklichkeit braucht, gibt es doch auch manche Felspassage ohne Sicherung. Es handelt sich zudem um eine lange Tour (Aufstieg 4 Std., Gratübergang ¾ Std.), man startet nämlich in 600 Meter Höhe (Tiefe müßte man da sagen), und zwar bei Ramsau, einem Dörfchen zwischen dem Wolfgangsee und Bad Ischl.

15

Es wäre schade, die heutige Tour nur als Konditions- und Trittsicherheitstraining anzusehen. Einen ähnlichen Tiefblick wie hier gibt es nämlich kaum ein zweites Mal in den Alpen. Man hat den Attersee, den größten See des Salzkammergutes, unmittelbar unter sich, die Felswände fallen fast bis zum Wasser ab. Auf dem Brennerriesensteig (Ausgangspunkt Gmauret bei Steinbach) lassen sich die Steilhänge mit Hilfe einiger weniger Sicherungen gut überlisten. Dann steht man oben auf der **Brennerin,** 1570 m, mit herrlichem Blick in alle Richtungen. Teils auf dem Grat, teilweise in den sehr steilen Südhängen der Madlschneid geht es allmählich wieder abwärts. Die beiden Schobersteine locken den Trittsicheren noch zu kurzen Abstechern, bevor man bei Weißenbach endgültig wieder das Tal erreicht hat. Aufstieg 3 Std.

16

Eine Route durch eine steile Felswand, und doch kein Klettersteig — so läßt sich der Schafluckensteig, der Zugang von den Langbathseen (Autostraße von Ebensee am Traunsee) zum **Brunnkogel,** 1708 m, mit seinem ungewöhnlichen Gipfelkreuz, charakterisieren. Man hat hier nämlich für die Schafe eine richtige Trasse aus der Wand gesprengt und für ängstliche Wanderer sogar noch ein Drahtseil angebracht. Der Tiefblick aus der Wand auf die beiden noch ziemlich unberührten Waldseen gehört zum Eindrucksvollen, die Karstlandschaft oberhalb mit den kleinen Wandln, den Graspolstern, alten Wetterfichten usw. zum Malerischen und Abwechslungsreichen. 3½ Std. Aufstieg vom Vorderen Langbathsee.

17

Beim **Hohen Sarstein,** 1975 m, bekommen wir besonders viel geboten: der so unmittelbare und steile Aufstieg ergibt einen guten Test für die Kondition; die felsdurchsetzten Steilstufen (Drahtseile) im unteren Teil des Weges schulen die Trittsicherheit; vom Gipfel genießen wir dann einen ganz besonderen Blick, denn im Süden baut sich gewaltig das vergletscherte Dachsteinmassiv, 2995 m, auf, und unter uns sehen wir drei der bekannten Seen des Salzkammergutes, den Hallstätter See sogar unmittelbar zu Füßen (1500 Meter tiefer bei nur drei Kilometer Entfernung!). Ausgangspunkt für dieses Unternehmen ist die Pötschenhöhe, 992 m, der Sattel zwischen Hallstätter See und Bad Aussee; Aufstiegszeit 3¼ Std.

18

Als letzter Härtetest sei hier noch eine große Grattour hoch über dem Tal der Traun empfohlen. Von Langwies (zwischen Bad Ischl und Ebensee) steigt man steil zum **Petergupf,** 1646 m, empor. Hier setzt der gut drei Kilometer lange Grat an, eine auffallende, quergebänderte Mauer mit 1000 Meter hohen Steilhängen nach Norden. Am **Bergwerkskogel,** 1690 m, schwingt sich die Schneide plötzlich steil auf, und man muß hier mit Hilfe der Drahtseile über mehrere Felsstufen hinaufklettern. Wem die nötige Kondition fehlt, dem wird der Weiterweg am Mittagkogel vorbei bis zur **Hohen Schrott,** 1869 Meter „elend" weit vorkommen (5 bis 6 Std. vom Tal zum höchsten Gipfel). Und der Abstieg über die Mitteralm nach Bad Ischl zieht sich dann auch noch einmal in die Länge.

II. Allgäuer Alpen

6 Klettersteige, 20 Gipfel

In den Allgäuern treffen gleichsam zwei Generationen von Klettersteigen aufeinander. Schon zur Jahrhundertwende entstand der Heilbronner Weg, der wohl berühmteste Steig der Alpen, eine naturgegebene Verbindung von einer Hütte zur anderen, quer über die „im Weg stehenden“ Gipfel. Auch damals wurden die steilen Felsstufen schon mit Drahtseilen, Stiften, Klammern, Leitern gebändigt. Ganz jung hingegen sind die Klettersteige an den Schafalpenköpfen und zwischen Nebelhorn und Daumen, Wege, die rein als Klettersteig-Spaß geschaffen wurden und deshalb etwas kühner und „luftiger“ in der Anlage sind. Alle sechs Routen des Allgäus führen über Grate, und das ist — in meinen Augen — die ideale und schönste Form für einen Eisenweg. Wieso stellen die steilen Wände der Dolomiten oder die Bänder der Brenta das beste Gelände für Klettersteige dar, wie man immer wieder lesen kann? Wieso sollen sie nur „Zubringer“ sein und nicht auf die Gipfel führen? Das kleinräumige Gelände an den Allgäuer Graten mit kurzen Stufen, denen wieder flache Absätze folgen, das Nebeneinander von Kletterei und Gehgelände, bietet einen ungleich sinnvolleren Routenverlauf als zum Beispiel die völlig glatte Steilwand, durch die der Pisciadù-Klettersteig führt. Außerdem sinkt am Grat die Steinschlaggefahr auf ein Minimum, und nicht zuletzt macht es doppelt Spaß, über freie Höhen zu turnen. Diese Grate bieten sich auch richtiggehend dazu an, sie aneinander zu hängen, zu einer großen, insgesamt allerdings recht anstrengenden Durchquerung der Allgäuer Alpen. Mit etwas Phantasie kann man noch ein paar besondere Akzente einflechten wie die Überschreitung des Biberkopfes, der mit einem Superlativ aufwartet: er ist der südlichste Punkt Deutschlands. Derartige Durchquerungen bringen einem die Eigenarten einer Berggruppe viel näher, als wenn man sich nur auf die Felsenwege konzentrieren würde. So kommt man auch an den auffallendsten Grasbergen vorbei, wie der Höfats oder dem Schneck, Gipfel, für die das Allgäu berühmt und auch ein wenig berüchtigt ist. Hier wächst selbst an steilen Hängen noch üppig das Gras. Das gibt einen besonders markanten Kontrast zu den hellgrauen, vegetationsarmen Gipfeln des Allgäuer Hauptkammes, die meist aus Hauptdolomit aufgebaut sind. Und der dicke Graswuchs zieht selbstverständlich auch eine besonders reiche Flora nach sich. Die Höfats gehört zu den wenigen Bergen in Deutschland, an denen sich das Edelweiß gegen die Ausrottung behaupten konnte.

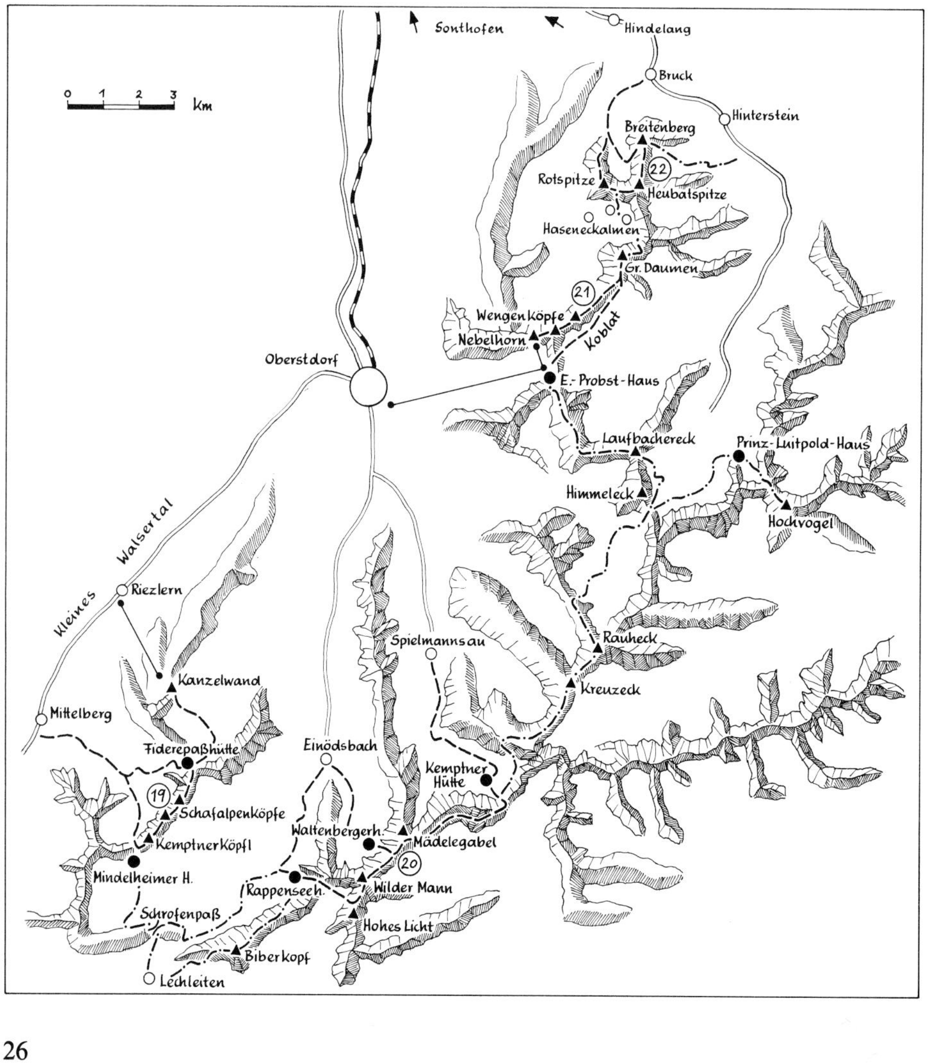

►► *Der Aufstieg zur Rappenseehütte wird meist in Einödsbach begonnen. Das eindrucksvolle Panorama bilden Trettachspitze (links), Mädelegabel und Hochfrottspitze.*

▼ *Den Schneck, 2268 m, kann man mit keinem anderen Berg verwechseln. Unsere Allgäu-Durchquerung (siehe Seite 36) führt hier vorbei. Im Hintergrund sieht man den Großen Wilden.*

19

Mindelheimer Klettersteig

Überschreitung der Schafalpenköpfe, 2320 m

So wie den Mindelheimer Weg stellt man sich einen modernen Klettersteig vor: Statt beängstigend glatter, steinschlaggefährlicher Riesenwände rasch wechselnde Felsszenerien mit Türmchen, Wandstufen, Schluchten, Kaminen und dazwischen auch mit gemütlichen Bummelstrecken, bei denen Zeit bleibt, die Allgäuer Berge mit ihrem „Matterhorn", der Trettachspitze, 2595 m, zu bewundern. Und wo findet man sonst noch einen Klettersteig, der gleich vier wuchtige Felsgipfel überquert, drei Schafalpenköpfe, 2320 m, 2301 m, 2272 m, und das Kemptner Köpfl, 2192 m. Gut und ausreichend gesichert bietet der Weg keine ernsten Schwierigkeiten, es gibt aber trotzdem einige spannende Stellen, eine sehr ausgesetzte Platte zum Beispiel, die auf Stiften über-

Diese kleine Steilwand gehört zu den recht fotogenen Stellen am Mindelheimer Klettersteig; in Wirklichkeit bietet sie keine echten Probleme; hier kommt es allenfalls zu „Verkehrsstauungen".

wunden wird, oder ein fast senkrechtes, mit Klammern gebändigtes Wändchen. Vorsicht bei Nässe! An typischen Allgäuer Grasbergen, zu denen auch die Schafalpenköpfe gehören, gibt es viel Erde und dadurch im nassen Zustand eine tückische Schmierschicht.
Schwierigkeiten: Richtiger Klettersteig, ausreichend gesichert, einige recht exponierte Stellen.
Talort: Mittelberg, 1215 m, im Kleinwalsertal.
Ausgangspunkt: Fiderepaßhütte, 2065 m, DAV, bew., 2¼ Std. Aufstieg auf gutem Steig von Mittelberg-Außerbödmen; evtl. von Riezlern mit der Bergbahn auf die Kanzelwand und in 2 Std. über die Kühgundalp zur Hütte.
Abstieg: Von der Kemptner Scharte am Ende des Höhenweges nach Norden auf Steig hinab zum Aufstiegsweg. Knapp südlich der Scharte liegt die Mindelheimer Hütte, 2058 m, DAV, bew.
Gehzeiten: Fiderepaßhütte — Überschreitung — Kemptner Scharte 2½ bis 4 Std., Abstieg 1½ Std.

20

Heilbronner Weg

Die berühmteste Tour des Allgäus

Die Rappenseehütte verfügt über 326, die Kemptner Hütte über 312 Übernachtungsplätze. So heißen die Stützpunkte an den beiden Enden des Heilbronner Weges, und die meisten ihrer Gäste sind Anwärter für unsere Tour. Nun mag sich jeder selbst ausmalen, welch ameisenartiger Betrieb an schönen Hochsommertagen dort oben herrscht. Es kann einem schon passieren, daß man etwa bei der Eisenleiter am Steinschartenkopf ein wenig anstehen muß. Doch das soll niemanden davon abhalten, diesem Klassiker unter den gesicherten Höhenwegen seine Reverenz zu erweisen. Und — Berühmtheit kommt nie von ungefähr! Dieser Gang auf dem höchsten Allgäuer Kamm ist schon etwas Einmaliges in den Nördlichen Kalkalpen. Man folgt stets der zerborstenen Felsschneide, genießt von ihr den herrlichen Ausblick in alle Richtungen — ein Weg, gespickt mit Überraschungen und spannenden Klettersteigeinlagen, die jedoch nie wirklich schwierig oder beängstigend ausgesetzt sind. Zudem kann man bei einem kurzen Abstecher noch dem Hohen Licht, 2651 m, dem zweithöchsten Allgäuer Berg, aufs Haupt steigen, wenn man mit den beiden Gipfeln des Heilbronner Weges, dem Steinschartenkopf, 2615 m, und dem Bockkarkopf, 2609 m, nicht zufrieden ist. Die Tour verläuft lange Zeit in relativ großen Höhen, stellt aber an das technische Können keine Anforderungen. Trotzdem seien Auch-mal-Alpinisten gewarnt, denn ungünstige Verhältnisse, Altschneefelder, einfallender Nebel usw. haben schon manchen in Bedrängnis gebracht.
Schwierigkeiten: Langer, gesicherter Weg mit einigen steileren Passagen, doch ohne ernste Probleme.
Talort: Oberstdorf, 815 m.
Ausgangspunkt: Rappenseehütte, 2091 m, DAV, bew.; von Oberstdorf mit Stellwagen oder zu Fuß, 2½ Std., nach Einödsbach und auf gutem Steig zur Hütte, nochmals 2¾ Std.
Abstieg: Vom Ende des Heilbronner Wegs entweder zum Waltenbergerhaus und zurück nach Einödsbach oder auf sehr schönem Höhenweg weiter zur Kemptner Hütte, 1845 m, DAV, bew., und von dort über Spielmannsau nach Oberstdorf.
Gehzeiten: Heilbronner Weg und Abstieg zur Kemptner Hütte 5 bis 7 Std.

21

Hindelanger Klettersteig

Überschreitung der Wengenköpfe, 2235 m

Das ist das würdige Gegenstück zur Überschreitung der Schafalpenköpfe (Tour 19). Auch hier führt der Klettersteig, er verdient wirklich diese Bezeichnung, über einen stark gegliederten Felsgrat mit sanften Passagen, mit Steilabbrüchen, mit schmalen, ausgesetzten Schneiden, mit kleinen und größeren Zacken . . . Nur der wirklich Trittsichere wird diesen Grat über den teilweise hohen und steilen Wänden ohne Zittern überschreiten, denn auf der Schneide selbst gibt es manchmal keine Hilfen. Die Drahtseile, Stifte und Leitern helfen ausschließlich über die richtigen Kletterstellen hinweg. Das ist also keine Tour für den Anfänger oder den Gelegenheitsbergsteiger. Da die Route bei der Gipfelstation der Bergbahn auf dem Nebelhorn beginnt, ist die Verführung natürlich groß — leider auch für die „Nichtgeeigneten". Nach der Überschreitung sollte man auf jeden Fall

Am Steinschartenkopf trifft man auf die steilsten Stellen des Heilbronner Weges, der ja nur auf kurzen Passagen den Charakter eines richtigen Klettersteigs zeigt.

noch das Stückchen über die weiten Flächen zum Gipfel des Großen Daumen, 2280 m, hinaufwandern, um auf dem überragenden Berg des Gebietes in aller Ruhe die verdiente Rast zu halten.
Schwierigkeiten: Langer, teilweise ziemlich anspruchsvoller Klettersteig, im Steilfels sehr gut gesichert, im ausgesetzten Gehgelände jedoch ohne Drahtseile. Drei Notabstiege nach Süden.
Talort: Oberstdorf, 815 m.
Ausgangspunkt: Gipfel des Nebelhorns, 2224 m, Bergbahnstation.
Abstieg: Südlich unter dem Grat über das Koblat (malerische Hochfläche mit Seen) zurück zur Bergbahn.
Gehzeiten: Bis zum Großen Daumen 3 bis 4 Std., Rückweg 1½ Std.

22

Breitenberg, 1887 m, Heubatspitze, 2002 m

Schöne Bergtour über dem Hintersteinertal

Im Grat zwischen dem Breitenberg und der Heubatspitze stehen ein paar Zacken und Felstürmchen, Hohe Gänge genannt, die aus recht festem Fels aufgebaut sind und deshalb schon immer eine nette Kletterei boten. Die Schwierigkeiten waren schon bisher gering. Seit hier Drahtseile angebracht wurden und sogar eine kleine Leiter einen Abbruch überwindet, ist das Ganze noch um eine Stufe einfacher geworden. Also — kein großes Klettersteig-Erlebnis, doch eine rundum schöne Bergtour mit einem eher besinnlichen als dramatischen Grundakzent. Vom Ende des Weges wandert man noch hinüber zur Rotspitze, 2033 m, diesem schönen Felsdreikant, dem Schaustück über dem Ostrachtal bei Bad Oberdorf.
Schwierigkeiten: Nette, harmlose Kletterei, der Zugang erfolgt auf kleinen Steigen.
Talort: Hindelang, 825 m, im Allgäu.
Ausgangsort: Bruck oder 300 Meter südlich davon beim E-Werk, 820 m, an der Straße Hindelang — Hinterstein.
Zugang: Von Bruck über die Hornkapelle zum Beginn des Retterschwangtales oder dorthin auf Fußweg vom E-Werk. Weiter über Häblesgund zum Breitenberg.
Abstieg: Vom Ende des Klettersteiges über den Grat auf die Rotspitze und auf steilem Steig zurück nach Häblesgund.
Gehzeiten: Aufstieg 3 Std., Übergang zur Rotspitze 1½ Std., Abstieg 1½ Std.

23

Rote Flüh, 2108 m, Schartschrofen, 1968 m

Hoch über dem Tannheimer Tal

Die Tannheimer Berge sind das Ideal eines Minigebirges; hier gibt es alles auf engstem Raum: eine Kette steiler Felsberge, extreme und mittelschwere Klettertouren, leichte Gipfelfahrten und natürlich auch gesicherte Steige. Die Überschreitung der Roten Flüh gehört zum Einfachen und doch zum Reizvollen. Dem Aufbau des Miniaturgebirges entsprechend sind die Wege kurz und die Nahblicke — vor allem auf die berühmte Gimpel-Südwand — eindrucksvoll. Dazu kommt vom Gipfel aus die Schau fast senkrecht hinab auf den Haldensee und ins Tannheimer Tal. Die Route selbst ist kurzweilig und mit ausreichenden Sicherungen an allen steilen Stellen versehen. In der Gelben Scharte weckt dann das Hinweisschild „Friedberger Steig“ die Erwartung auf ein großes Klettersteig-Erlebnis etwa in der Art des Heilbronner Wegs. Aber wir sind ja in den Tannheimern und dort bleibt eben alles klein; auch dieser durchaus schon anspruchsvollere Steig in den steilen Südabbrüchen des Schartschrofens ist bereits nach zwanzig bis dreißig Minuten wieder zu Ende. Wie packt man die Tour am besten an? Der alpin Erfahrene wird im Füssener Jöchl starten und vom Reintaljoch aus auf Steigspuren (leichte Kletterei, I) die Läuferspitze, 1956 m, zum Schartschrofen überschreiten. Oder man bricht in Nesselwängle Richtung Gimpelhaus zu einer Rundtour auf; der Abstieg erfolgt dann aus dem Hallergernjoch nördlich des Schartschrofens über das Gasthaus Adlerhorst zum Haldensee.
Schwierigkeiten: Rote Flüh einfach, Schartschrofen-Südgrat gut gesichert, aber steil und ausgesetzt.
Talort: Grän, 1134 m, oder Nesselwängle, 1136 m.
Ausgangspunkt: Füssener Jöchl, 1818 m, Lift, oder Gimpelhaus, 1659 m, privat, bew., 1¼ Std. von Nesselwängle.
Gehzeiten: Gimpelhaus — Rote Flüh 1¼ Std., Rote Flüh — Schartschrofen 1¼ Std. (in umgekehrter Richtung 1½ Std.), Füssener Jöchl — Schartschrofen 1¼ Std.

◄◄ *Der Rappensee bei der gleichnamigen Hütte im Herzen der Allgäuer Alpen. Der Hintergrund zeigt Widderstein (links), Geißhorn und Liechelkopf.*

Durchquerung der Allgäuer Alpen

Eine Tour mit vierzehn Gipfeln

Sie haben schon richtig gelesen! In den fünf Allgäutagen lassen sich vierzehn Gipfel besteigen, der Fleißige kann sogar noch ein paar weitere Berge „mitnehmen". Doch für das Maximalprogramm braucht man schon eine Bärenkondition. Der längste Tag läßt sich allerdings auch anders gestalten, wir bringen dafür drei verschieden anstrengende Varianten. Bei dem dichten Wegnetz in den Allgäuer Alpen bietet sich ohnedies eine Fülle von Möglichkeiten, und es gibt dabei, und das ist wirklich etwas Besonderes und für den Wanderer sehr Reizvolles, auch Steige auf recht viele der kleinen und großen Gipfel. Der besondere Akzent bei dieser Durchquerung liegt in den geologischen und damit auch botanischen Eigenheiten. Man beginnt seine Tour zwischen den typischen Grasbergen, kommt dann in den Bereich der großen, grauen Felsgipfel, um schließlich wieder die Steilgraslandschaft mit so eigenwilligen Bergen wie der Höfats und dem Schneck zu erreichen.

1. Tag: *Über die Schafalpenköpfe zur Mindelheimer Hütte.* Alle Details siehe Tour 19.

2. Tag: *Schrofenpaß — Rappenseehütte.* Problemloser Höhenweg, dessen besonderer Reiz der Rückblick auf die am Vortag überschrittenen Schafalpenköpfe ist. Man muß allerdings gut 500 Höhenmeter ins Tal absteigen. 4 Std.

Variante: Überschreitung des Biberkopfes. Das ist eine besonders interessante Tour auf einen der schönsten Allgäuer Berge, den Biberkopf, 2599 m; besonders von Süden gesehen imponiert er mit seinen auffallenden Plattenschüssen. Leider gibt es keinen Verbindungsweg vom Hüttenübergang zum Gipfelanstieg. So muß man vom Schrofenpaß nach Lechleiten absteigen und dem von dort aus üblichen Aufstieg folgen (Steig, trotzdem leichte Kletterei, ein paar Sicherungen). Ein weiterer Steig führt dann vom Gipfel durch die Flanke nach Nordosten hinab, umgeht nach einem Gegenanstieg den Hochrappenkopf südlich und endet unmittelbar beim Rappensee. Hochalpine Route für Konditionsstarke, 7 bis 8 Std.

3. Tag: *Heilbronner Weg zur Kemptner Hütte.* Dieser berühmte Weg wird bei Tour 20 behandelt. Das Hohe Licht, 2651 m, bildet fast immer den Auftakt zu diesem Höhenweg; ganz Eifrige werden den Tag mit einer Besteigung der Mädelegabel, 2645 m, ¾ Std., über den Ostgrat krönen.

4. Tag: *Rauheck — Laufbachereck — Edmund-Probst-Haus.* Wie bereits in der Einleitung angedeutet: Man muß schon eine sehr gute Kondition mitbringen, will man diesen großartigen Höhenweg an einem Tag begehen. Drei Gipfel (Kreuzeck, 2375 m, Rauheck, 2385 m, Laufbachereck, 2178 m) und eine schier endlose Fülle herrlicher Ausblicke wären der Lohn für die zehnstündige Mühe. Wer sich nicht so verausgaben will, sollte nach dem Rauheck entweder durch das Dietersbachtal oder durch das Oytal nach Oberstdorf absteigen und mit der Bahn zur Hütte hinauffahren. Man kann aber auch nach dem Himmeleck ostwärts abbiegen, um das Prinz-Luitpold-Haus, 1846 m, DAV, bew., nach etwa 7 Std. zu erreichen. Man hat dann die Möglichkeit, am nächsten Morgen den bekannten Hochvogel, 2594 m, 2½ Std. ab Hütte, zu ersteigen, um anschließend auf dem Höhenweg zum Edmund-Probst-Haus, 1929 m, DAV, bew., zu gelangen (4½ Std. von Hütte zu Hütte).

5. Tag: *Wengenköpfe — Daumen — Breitenberg — Hinterstein.* Wer das ganze Programm durchführen will, hat auch heute einen ausgefüllten Tag vor sich. Der Hindelanger Höhenweg führt über die Wengenköpfe zum Großen Daumen (Tour 21). Den Unternehmungslustigen wird es reizen, die Tour mit dem Breitenberg-Klettersteig abzurunden. Dazu muß man vom Großen Daumen nach Osten über den Grat absteigen, um dann durch die Nordflanke die Mittlere Hütte in der Haseneckmulde zu erreichen. Nun geht es wieder aufwärts, im oberen Teil am besten direkt und pfadlos auf die Heubatspitze. Dann folgt man dem kurzen Klettersteig zum Breitenberg (Tour 22). Der schnellste Abstieg führt von dort nicht durch Häblesgund, sondern ostwärts über die Älpealpe nach Hinterstein. Insgesamt 8 Std.

III. Wetterstein und Karwendel

17 gesicherte Steige, 22 Gipfelmöglichkeiten

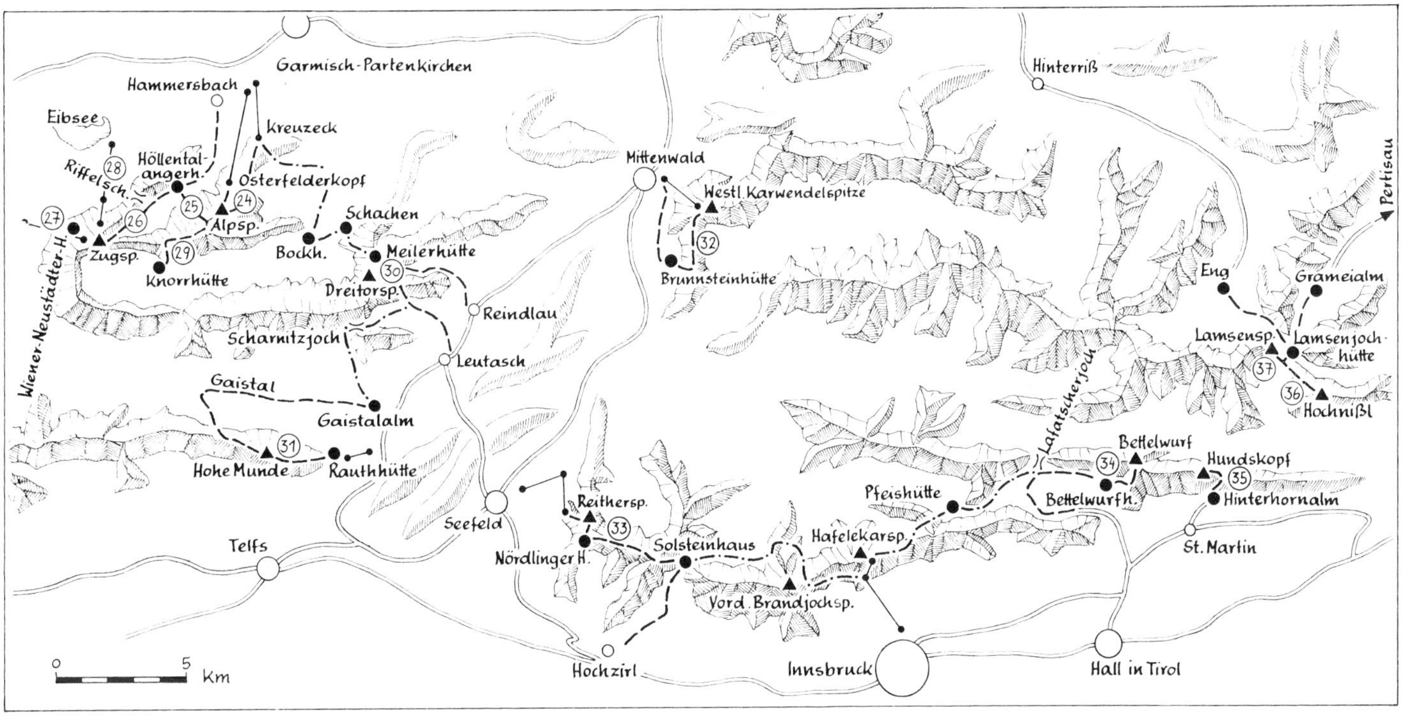

Wetterstein und Karwendel gehören zu den gewaltigsten Kalkmassiven der Nordalpen. Jeder kennt zum Beispiel das typische Bild des Werdenfelser Landes mit den kilometerbreiten Felsmauern als südlichem Horizont, vor dem die auffallend kantigen Gipfel der Alpspitze und der Waxensteine als besondere Dekoration stehen.

Noch ausgeprägter zeigen sich die schier endlos langen Felsketten drüben im Karwendel. Vier mächtige, durch sehr tief eingefurchte Täler getrennte Kämme ziehen von Westen nach Osten.

Hier treffen wir auf eines der klassischen Wander- und Bergsteigergebiete der Alpen, das dank der stets wechselnden Felsbilder für reiche Abwechslung und manche Überraschung sorgt. Und gesicherte Wege, wie den Höllentalanstieg zur Zugspitze, gab es hier schon, bevor das Wort Klettersteig überhaupt geboren war. So sind auch diese Steige, von zwei Ausnahmen abgesehen, kein Selbstzweck wie manche der Vie ferrate im sonnigen Süden, sondern logische, dem Gelände angepaßte Routen auf Gipfel und über Scharten. So wäre es denn in diesem Gebiet auch fast schade, ganz gezielt diese Steige herauszupicken, sie für sich alleine zu begehen, statt ausgedehnte Streifzüge durch die beiden Berggruppen zu unternehmen. Letzten Endes ist er schon ein armer Teufel, jener „Mono-Bergsteiger", der nur noch nach Drahtseilen und Eisenleitern fiebert und darüber alles andere vergißt, der etwa den ganz eigenen Reiz jener grauen Mondlandschaften der großen Karwendelkare nicht mehr spürt, sich nicht begeistern kann an dem Blick über die zerrissenen Felskämme über Türme und Zacken, und sich nicht mehr in aller Ruhe auf den Graspolstern inmitten der grauen Felsen ausstrecken kann, um zu entspannen und zu träumen.

Alpspitze und Zugspitze gehören zu den ausgesprochenen Modebergen, auch der Mittenwalder Höhenweg ist sehr beliebt; dem entsprechenden „Verkehrsgewimmel" läßt sich kaum entkommen. Wegen der Nähe der Millionenstadt München empfiehlt es sich, die Wochenenden zu meiden.

Auch die anderen Touren sind natürlich nicht einsam — von ein paar Stellen bei der Durchquerung abgesehen —, doch an so mächtigen Bergen wie der Hohen Munde oder dem Bettelwurf ist wahrlich Platz genug, daß einige Gleichgesinnte einen nicht zu stören brauchen.

◄◄ *Unterhalb des Zugspitzgipfels; hier mündet der aus dem Höllental kommende Steig aus. In der Mitte die Riffelwandspitzen, dahinter der Waxensteinkamm und in der Tiefe das Dorf Grainau.*

24

Alpspitze, 2620 m

Zwei Aufstiege von Norden

Der elegante, fein zugespitzte Felsgipfel in auffallender Dreiecksform ist nicht nur das Wahrzeichen von Garmisch-Partenkirchen, er gehört auch zu den beliebtesten Bergzielen überhaupt. Dazu tragen natürlich auch viel die Seilbahnen zum Osterfelderkopf und zum Kreuzeck bei. Die felsige Nordflanke wurde mit nicht weniger als drei Steigen gebändigt. Sehr, sehr viel Eisen steckt in der sogenannten Nordwand-Ferrata. Diese Route erinnert an die dolomitischen Klettersteige und unterscheidet sich doch in einem wesentlichen Punkt: wird dort manchmal allzu sparsam gesichert, tat man hier des Guten zu viel. Deshalb erfordert diese Route kein technisches Können, man muß jedoch mit den steilen Abgründen oben am Gipfelaufbau zurecht kommen.
Den natürlichen Geländeformen folgt der historische Weg durch die Schöngänge, einer Felsstufe neben der glatten Bernadeinwand, wo die Tritte von den vielen Begehern schon ganz rundgescheuert sind. Er mündet in das Oberkar und folgt von der Schulter aus dem Südostgrat über einige ungesicherte Kletterstellen. Das ist — trotz des flacheren Geländes — bergsteigerisch nicht weniger anspruchsvoll als die „Ferrata". Es gibt auch noch eine „Nordwand-Promenade", die fast problemlos — hier erwartet sogar ein künstlicher Tunnel den Begeher — den Osterfelderkopf mit dem Oberkar verbindet. Also Möglichkeiten in Fülle! Dazu kommt noch der großartige, im nächsten Abschnitt beschriebene Abstieg durchs Mathaisenkar.
Schwierigkeiten: Nordwand sehr gut gesichert, ohne Probleme, doch sehr steile Stellen; Schöngänge — Südostgrat nur teilweise gesichert, freie Kletterstellen am Grat (I).
Talort: Garmisch-Partenkirchen, 700 m.
Ausgangspunkt: Osterfelderkopf, 2030 m, Bergbahn, oder Kreuzeck, 1651 m, Bergbahn.
Abstieg: Auf einer der Routen oder nach Südwesten (siehe Tour 25).
Gehzeiten: Osterfelderkopf — Gipfel 2¼ Std., Kreuzeck — Gipfel 3¼ Std.

25

Alpspitze, 2620 m

Südwestseite — eine große Felstour

Wegen des großen Höhenunterschieds wird diese Route meist im Abstieg begangen. In dieser Richtung wird sie deshalb auch beschrieben. Sie bietet ein großes Erlebnis, ist eindrucksvoll wie wenige Steige in den Nördlichen Kalkalpen. Zuerst führt der Südwestgrat als eine Art Aussichtstreppe zur Grieskarscharte, 2430 m, hinab; der Grat wird immer wieder von kleinen Steilstufen unterbrochen, die etwas spärlich gesichert sind und deshalb einige Geschicklichkeit erfordern. Dann folgt eine 550 Meter hohe Wandstufe mit einer großen Gratrippe und Schrofenzonen, ein spannender Weg längs der ausreichenden Sicherungen. Er endet im düster-eindrucksvollen Mathaisenkar. Doch der weitere Abstieg ist noch lang. Bei der Höllentalangerhütte, 1381 m, DAV, bew., erreicht man das scharf und tief eingeschnittene Höllental; von dort wandert man talaus. Schließlich verschwindet der Bach in der Höllentalklamm, wo er sich tosend in die Tiefe stürzt — ein würdiger Ausklang zu einer großen Bergfahrt. Den Weg durchs Mathaisenkar sollte man nicht unterschätzen! Er ist um eine ganze Stufe anspruchsvoller als die Nordanstiege.
Schwierigkeiten: Anspruchsvoller, gesicherter Steig, teilweise ausgesetzt.
Talort: Garmisch-Partenkirchen, 700 m, evtl. Hammersbach, 780 m, wenn man die Tour im Aufstieg gehen will.
Ausgangspunkt: Gipfel der Alpspitze (siehe Tour 24).
Gehzeiten: Gipfel — Höllental — Hammersbach 4–5 Std. (Aufstieg von der Höllentalangerhütte 4½ Std.).

26

Zugspitze, 2962 m

Der große Aufstieg durch das Höllental

Zu einem ungewöhnlichen Berg, wie dem höchsten Gipfel Deutschlands, gehört auch ein ungewöhnlicher Aufstieg. Der Weg aus dem Höllental ist das Ideal einer Gipfelroute, stets logisch dem Gelände angepaßt und doch mit vielen sehr eindrucksvollen Stellen gewürzt. Die „Leiter" und vor allem das „Brett", eine Querung auf Eisenstiften über eine völlig glatte Platte von 40 Meter Breite, zeigen, daß man schon im Jahr 1893 Klettersteigartiges zu schaffen wußte. Um

die Nerven dann wieder zu beruhigen, folgt nach der ersten Felsstufe das Höllentalkar. Doch bald wird's wieder spannend. Über den Höllentalferner geht es hinauf zur berüchtigten Randkluft (vor allem im Spätsommer ein Hindernis), und dann folgen Drahtseile und nochmals Drahtseile. Die Felsflanke unter der Irmerscharte und die Gipfelwand sind noch volle 500 Meter hoch! Schließlich taucht man urplötzlich, von einem Schritt zum anderen, in den jahrmarktartigen Trubel des Gipfels mit seinen Bahnen, Häusern, Aussichtsplattformen ein — und freut sich über den unbegrenzt weiten Ausblick nicht nur auf ein Meer von Bergen, sondern auch hinaus ins Alpenvorland mit seinen Seen und der Landeshauptstadt München.
Die große Höhe des Berges, die nordseitige Lage, der Gletscher und der sehr lange Weg aus dem so tief eingefurchten Höllental stempeln diese Route zu einer großen, anspruchsvollen, aber auch besonders abwechslungsreichen Fahrt!
Schwierigkeiten: Hochalpine Bergtour, lang und anstrengend, teilweise ausgesetzt, evtl. unangenehme Randkluft (Pickel).
Talort: Hammersbach bei Grainau, 780 m, oder Garmisch-Partenkirchen, 700 m.
Ausgangspunkt: Höllentalangerhütte, 1381 m, DAV, bew., in 2 Std. von Hammersbach durch die Höllentalklamm oder in 1 Std. vom Osterfelderkopf (Bahn) zu erreichen.
Abstieg: Talfahrt mit der Bahn oder Abstieg durchs Österreichische Schneekar zum Eibsee (siehe Tour 27).
Gehzeiten: Höllentalangerhütte — Gipfel 5½ Std.

27

Zugspitze, 2962 m

Durch das Österreichische Schneekar

Der kürzeste Aufstieg zur Zugspitze beginnt oberhalb von Ehrwald oder beim Eibsee und führt durchs Österreichische Schneekar und die anschließende, knapp 500 Meter hohe Fels- und Schrofenflanke zum Gipfelgrat. Der herrlich freie Blick nach Westen, teilweise gesicherte Felspassagen an den Ehrwalder Köpfen, die unmittelbare Nähe der 1000-Meter-Wand an Zugspitzeck und Schneefernerkopf und das Klettern durch die teilweise gesicherte, mitunter auch stark von Geröll durchsetzte Flanke stempeln — eigentlich — die Route zu einer recht interessanten Bergfahrt. Doch ist man leider immer wieder im Bereich der Tiroler Zugspitzbahn unterwegs, und es ist nicht jedermanns Sache, den Seilbahngästen als Schauobjekt zu dienen. Doch wie wäre es mit einem Abstieg auf diesem Weg, nachdem man durch das Höllental heraufgekommen ist?
Schwierigkeiten: Hochalpine Tour, doch einfacher als der Weg aus dem Höllental; durch den freien Blick nach Westen bei zweifelhaftem Wetter unproblematischer.
Talort: Ehrwald, 1000 m, oder Eibsee, 973 m.
Ausgangspunkt: Wiener-Neustädter-Hütte, 2220 m, ÖTK, 2¾ Std. von der Talstation der Zugspitzbahn, 3½ Std. vom Eibsee.
Abstieg: Talfahrt mit der Bahn oder gleiche Route im Abstieg.
Gehzeiten: Hütte — Gipfel 2½ Std.

28

Riffelscharte, 2163 m

Vom Eibsee ins Höllental

Ganz ehrlich: Wer einen richtigen Klettersteig begehen will, wird von der Riffelscharte enttäuscht sein. Doch viel Spaß hat der, der eine abwechslungsreiche Bergfahrt mit ein paar gesicherten Felspassagen sucht. Für eine Tagestour gibt es eine Fülle interessanter Erlebnisse: Gut gesichert führt der Steig über einen glatten Plattenpanzer hoch oben an der gewölbten Wand vorbei; zu einem reizvollen Gipfelblick - besonders imponierend der Eibsee aus Vogelperspektive - kommen Unternehmungslustige durch einen Abstecher von der Scharte auf die Riffelspitze, 2262 m, 20 Min., leichte Kletterei in allerdings brüchigen Schrofen, I. Gesicherte Felsstufen trennen die einzelnen Becken des Riffelkares, durch das der erste Teil des Abstiegs führt; besonders malerisch ist der Höllentalboden (Hütte, bew.) mit seinen grünen Matten und den himmelhohen Felswänden rundum; einen letzten Höhepunkt bildet schließlich die Höllentalklamm mit ihren tosenden und donnernden Wassern.
Schwierigkeiten: Sehr gut gesichert, mäßig ausgesetzt.
Talort: Hammersbach, 780 m, bei Grainau.
Ausgangspunkt: Station Riffelriß, 1640 m, der Bayerischen Zugspitzbahn. Bei Anfahrt mit Kfz Beginn der Bahnfahrt in Hammersbach.
Gehzeiten: Aufstieg 1¾ Std., Abstieg 3 Std.

Der sogenannte Jubiläumsgrat zwischen Höllentalspitzen und Grießkarscharte ist eine anspruchsvolle Hochtour. Im Bereich der Vollkarspitze muß man Türme und scharfe Gratkanten überklettern.

29

Höllentalspitzen, 2740 m

Überschreitung auf dem Jubiläumsgrat

Ein Felsgrat von genau fünf Kilometer Länge verbindet die beiden Superklettersteigberge des Wettersteins, die Alpspitze und die Zugspitze. Dieser Grat kulminiert in einem mächtigen, dreigipfeligen Felsmassiv, den Höllentalspitzen. Auf wirklich Erfahrene und Berggewandte wartet hier eine der großzügigsten Felsfahren dieses Buches. Von der Knorrhütte führt ein relativ einfacher, gesicherter Steig gegen die Innere Höllentalspitze empor. Dann folgt man in etwa dem Grat, quert anfangs jedoch häufig knapp unter ihm in der schrofigen Südseite, wo es mehr auf Trittsicherheit als auf Kletterfähigkeiten ankommt. Nach der Äußeren Höllentalspitze aber ändert sich der Charakter. Der Grat ist nun stark gegliedert, mit Köpfen und Türmchen, Lücken und Scharten gespickt, ein teilweise recht „luftiges" Gelände! Den Mittel- und Höhepunkt dieses Wegabschnittes bildet die Vollkarspitze, 2615 m. Bei dieser Route muß man schnell und sicher klettern können – auch im drahtseillosen Gelände –, sonst braucht man allzu lange, frißt doch das viele Auf und Ab eine Menge Zeit.
Schwierigkeiten: Lange, sehr anspruchsvolle Grattour, nur in den schwierigen Passagen gesichert, nur für Bergsteiger mit Klettererfahrung.
Talort: Garmisch-Partenkirchen, 700 m.
Ausgangspunkt: Knorrhütte, 2052 m, DAV, bew., ¾ Std. Abstieg vom Schneefernerhaus (Zahnradbahn) oder Aufstieg durchs Reintal 7 Std.
Abstieg: Entweder über die Alpspitze oder durchs Mathaisenkar ins Höllental.
Gehzeiten: Knorrhütte – Höllentalspitze 2¼ Std., Gratüberschreitung 2½ bis 4 Std., Abstieg nochmals mindestens 2 Std.

30

Partenkirchener Dreitorspitze, 2634 m

Hermann-von-Barth-Weg

Nur gut 100 Meter hoch ist die Steilstufe an diesem Berg, eine rostrote Wand, durch die der neuerdings wieder ordentlich gesicherte Hermann-von-Barth-Weg steil emporführt. Dann wendet sich die Route nach links, und man folgt den Steigspuren über das zerborstene, von Schutt bedeckte Schrofengelände zum Grat und kurz nach rechts zum höchsten Punkt der langgestreckten Gipfelschneide. Wer es einzig auf Klettersteige abgesehen hat, kommt hier nicht auf seine Kosten, zu kurz ist die Kletterei im Verhältnis zum Anmarsch. Doch wer sich noch Freude an einer großen Berglandschaft bewahrt hat, dem wird dieser an sich lange Weg doch niemals langweilig werden. Da gibt es beim Aufstieg durchs Berglental zum Beispiel grandiose Felsszenerien, wie die fast senkrechten, rötlichen Wände von Musterstein und Bayerländerturm. Und beim Abstieg über den Söllerpaß durchquert man nacheinander ein Karstplateau, eine Schrofenflanke und den saftig grünen Boden der Puitalm; er bietet einen besonderen Kontrast nach der grauen Felslandschaft.
Schwierigkeiten: Kurze, steile Wand, gut gesichert, etwas ausgesetzt, Trittsicherheit im Schrofengelände notwendig.
Talort: Leutasch, etwa 1000 m.
Ausgangspunkt: Ortsteil Reindlau, 1060 m.
Übernachtungsmöglichkeit: Meilerhütte, 2375 m., DAV, am Aufstieg aus dem Berglental zum Gipfel gelegen.
Abstieg: Über Söllerpaß und Puittal.
Gehzeiten: Tal – Meilerhütte 4 Std., Meilerhütte – Gipfel 1¼ Std.

31

Hohe Munde, 2660 m

Überschreitung eines gewaltigen Massivs

Hier wollen wir uns kurz fassen, steht an der Hohen Munde doch das Klettersteigerlebnis mehr im Hintergrund. Lediglich ein mächtiger Felskopf im Westgrat, der durch eine tiefe Schlucht vom Gipfelmassiv getrennt ist, bietet etwas anspruchsvollere Kletterei, die sich jedoch mit Hilfe der Sicherungen gut bewältigen läßt. Das Besondere bei der Besteigung und Überschreitung dieses langgestreckten, doppelgipfeligen Felsberges ist der ungehinderte, immer wieder wechselnde Ausblick während mehrerer Gehstunden. Man bleibt nämlich von der Rauthhütte bis hinüber zum Niedermundesattel stets im Gratbereich, und es gibt zudem in der Nähe keinen höheren Berg, der die Sicht behindern würde.

Schwierigkeiten: Ostanstieg einfach, der Abstieg über den recht langen Westgrat mit einiger Schrofenkletterei erfordert Trittsicherheit.
Talort: Oberleutasch, 1160 m.
Ausgangspunkt: Rauthhütte, 1600 m, privat, Lift von Oberleutasch.
Aufstieg: Weg über den Ostrücken.
Abstieg: Über den Westgrat und den Niedermundesattel in das Gaistal.
Gehzeiten: Rauthhütte - Gipfel 3 Std., Gipfel - Niedermundesattel - Leutasch 3½ Std.

32

Mittenwalder Höhenweg

Lieblingsklettersteig der Münchner

Diese Fünfgipfeltour ist das Ideal eines Eisenweges - sehr abwechslungsreich, mit vielen kleinen Kletterstellen, teilweise „schön luftig", jedoch nie über beängstigend glatten Riesenwänden entlangführend. Der Mittenwalder Höhenweg bleibt zudem, außer an der Sulzleklammspitze, immer in Gratnähe und wird so zum Superpanoramaweg. Die Sicherungen - viel Drahtseil, ein paar Leitern, Haken, Klammern, Stege - sind immer gut und ausreichend, doch nirgends übertrieben; der Steig folgt stets den natürlichen Geländeformen. Von Mittenwald gondelt man mit der Bahn längs der steilen Schrofenhänge hinauf zum Wegbeginn; wen wundert es da, daß vor allem am Wochenende reger Andrang herrscht. Als Vorspeise wird man die Westliche Karwendelspitze, 2385 m, in 20 Minuten ersteigen. Es folgen dann fünf weitere Gipfel: zwei Linderspitzen, 2372 m, die mächtige, quergelagerte Sulzleklammspitze, 2323 m, und schließlich die beiden Kirchlspitzen, 2302 m.
Schwierigkeiten: Sehr gut gesicherter Klettersteig, teilweise recht steiles Gelände.
Talort: Mittenwald, 913 m.
Ausgangspunkt: Bergstation der Karwendel-Seilbahn, 2245 m.
Abstieg: Vom Brunnsteinanger nach Westen zur Brunnsteinhütte, 1523 m, DAV, bew., und hinab ins Tal. Auf Sandstraßen 2,5 Kilometer zurück zur Bergbahn.
Gehzeiten: Grattour 2½ bis 4 Std., Abstieg 2 Std.

33

Reither Spitze, 2373 m, Freiungtürme, 2332 m

Freiungen-Höhenweg

Die Erlspitzgruppe ist eine Art Anhängsel der südlichsten Karwendelkette. Der Hauptkamm besteht aus einem ganzen Wald von Türmen, Zacken und Nadeln; die Grate sind mit ihnen geschmückt, sie stehen aber auch mitten in den Wänden und Flanken. Durch dieses Gelände schlängelt sich unser Höhenweg, nach jeder Ecke wartet er mit neuen Überraschungen auf. Als Auftakt überschreitet er die noch relativ unkomplizierte Reither Spitze zur Nördlinger Hütte, 2238 m, DAV, bew., kommt dann an ein paar besonders wilden Türmen vor-

Dieses Foto zeigt einen guten Teil des Grates, den der Mittenwalder Höhenweg überquert. Die Gipfel von rechts: Südliche Linderspitze, Sulzleklammspitze, Nördliche Kirchlspitze. Im Hintergrund die Stubaier Alpen.

bei, um nun das eigentliche Freiungmassiv zu erreichen. Hier klimmt das Steiglein bis zum Gipfelgrat empor; das erfordert ein wenig Schrofenkletterei, hin und wieder gibt es auch ein Drahtseil — ein kurzweiliges Wandern, bergauf, bergab, stets mit ungehindertem Blick nach Süden über das 1800 Meter tiefer liegende Inntal hinweg auf die vergletscherten Zentralalpen. Doch dann, nach der Kuhlochscharte, führt der Steig endgültig in die Südflanke, quert noch einige scharf eingefressene Rinnen, um schließlich den weiten, grünen Erlsattel mit dem Solsteinhaus, 1805 m, OeAV, bew., zu erreichen.

Schwierigkeiten: Kleiner, ordentlicher Steig, nur hin und wieder gesichert, teilweise sehr steiles Gras- und Schrofengelände.

Talort: Seefeld, 1180 m.

Ausgangspunkt: Harmelerkopf, 2050 m, Auffahrt mit teurer Bergbahn.

Abstieg: Vom Solsteinhaus auf gutem Weg nach Hochzirl (Bahnfahrt zurück nach Seefeld).

Gehzeiten: Harmelerkopf — Reither Spitze ¾ Std., Höhenweg 4 Std., Abstieg 1½ Std.

34

Bettelwurf, 2725 m

Südanstieg — 2200 Meter über dem Inntal

Nochmals servieren wir Ihnen hier einen schönen, großen Felsberg mit einem guten, teilweise gesicherten Pfad, der jedoch nicht als echter Klettersteig gelten kann. Auch der letzte Aufschwung in der Riesenflanke des Bettelwurfs — ein durchgehender Steilhang von 1500 Meter Höhe — bildet keine richtige Wand, und so reichen ein paar Drahtseile, um der Kletterei die Schwierigkeiten zu nehmen. Während im oberen Teil der Tour die immer weiter reichende Aussicht begeistert, kommt man gleich am Anfang durch eine grandiose Schluchtenwelt mit himmelhohen Wänden; man fühlt sich so recht an die Dolomiten erinnert. Schade, daß im Mittelstück eine so lange Latschenzone eingelagert ist. Oberhalb steht dann wie ein Luginsland die Bettelwurfhütte, 2077 m, OeAV, bew., mitten in den steilen Abhängen. Der Weiterweg führt über den Eisengattergrat, der hier oben im Felsgelände ein paar weiche, grüne „Grassessel" anbietet — richtige Faulenzerplätzchen.

Schwierigkeiten: Hohe Schrofenflanke, nur teilweise gesichert, Trittsicherheit wichtig.

Talort: Hall in Tirol, 574 m.

Ausgangspunkt: Halltal, 1080 m, dorthin steile Mautstraße.

Abstieg: Gleiche Route.

Gehzeiten: Halltal — Bettelwurfhütte 2½ Std., Bettelwurfhütte — Gipfel 2 Std.

35

Hundskopf, 2243 m

Felix-Kuen-Weg, eine Spritztour

Klettersteig-Spritztour gefällig? Hundskopf heißt ein kleiner, viereckiger Felsklotz, letzter Ausläufer im mächtigen Ostkamm des Bettelwurfs. Es scheint sich hier um eine Tour für die ganze Familie zu handeln, setzt der Klettersteig doch in der Mannl-und-Weibele-Scharte — sie heißt wirklich so! — an. Von dort geht es über eine kurze, aber recht steile und luftige Felsstufe mit Hilfe von guten Sicherungen zum nahen Gipfel empor — ein Klettersteig en miniature. Um die Scharte zu erreichen, durchquert man vorher auf Bändern die Hundskopf-Nordflanke und kommt damit in den Bereich des Vomper Lochs, wie dieser eindrucksvolle, absolut urtümliche Winkel des Karwendels heißt, der von gewaltigen, zerrissenen Wandfluchten überragt wird. Außerdem: Am Hundskopf wird es einem wirklich leicht gemacht, denn bis in 1522 Meter Höhe kann man mit dem Auto fahren.

Schwierigkeiten: Ganz kurzer, aber steiler Steig, gut zum „Ausprobieren" geeignet, Zugang jedoch auf sehr steinigem, ungepflegtem Weg.

Talort: Hall in Tirol, 574 m.

Ausgangspunkt: Gasthof Hinterhornalm, 1552 m, Zufahrt mit Pkw über St. Martin auf Mautstraße (8 km).

Zugang: Auf den Ostgrat des Berges, dann durch die Nordflanke zur Mannl-und-Weibele-Scharte.

Abstieg: Ostgrat (Schrofenkletterei, teilweise gesichert).

Gehzeiten: Hinterhornalm — Gipfel 2 Std., Abstieg 1 Std.

Wer noch die besonderen Karwendeleigenheiten kennenlernen will, besteigt die Walderkampspitze (2565 m, Schrofenkletterei) längs der Pfadspuren in dem so splittrigen, geröllreichen Felsgelände — und kommt dabei in den Genuß einer stillen Bergtour.

Der Ausstieg aus dem Lamstunnel führt über senkrechte Felsen, ein paar Eisenklammern bändigen die Stelle. Die klassische Route durch dieses Felsenfenster und weiter zur Hochnißlspitze gehört auch heute noch zu den besonders abwechslungsreichen Erlebnissen.

36/37

Hochnißlspitze, 2547 m, Lamsenspitze, 2508 m

Zwei Gipfel über dem Lamstunnel

Direkt oberhalb der — recht beliebten — Lamsenjochhütte streben die Wände besonders glatt und wild zu dem gezackten Grat empor. Dort soll ein Steig hinaufführen? Manchen verläßt schon bei diesem Anblick der Mut. Woher soll er auch wissen, daß es dort oben ein geheimnisvolles Loch gibt, das steil, beinahe wie ein Kamin, quer durch den Berg führt und auf der viel sanfteren Westseite ausmündet. Das ist der Lamstunnel. Auf einer Rampe, teilweise recht ausgesetzt, führt der gut gesicherte Steig zu der Höhle hinauf. Dann zieht man sich auf dem erdigen Grund der Rinne — im Inneren des Berges — am Drahtseil höher und steigt schließlich an ein paar Klammern senkrecht aus der Unterwelt heraus. Drüben führt nun ein Weg nach Süden; er ist immer wieder mit ein paar kleinen Kletterstellen gewürzt, doch gehört er insgesamt eher zum Harmlosen. Unmittelbar an der Rotwandlspitze, 2321 m, und der Steinkarlspitze, 2425 m, vorbei erreicht er die alles überragende Hochnißlspitze, eine Aussichtsloge von Rang. Ein weiterer Weg führt in entgegengesetzter Richtung von der Ausmündung des Tunnels nach Norden zur Lamsenspitze, den von der Hütte gesehen so schöngeschnittenen, auffallend kantigen Felsberg. Hier, auf der Süd-

seite, verteidigt er sich nur mit einem niedrigen Wandgürtel. Über ihn klettert man entlang der Sicherungen zu einer Schuttabdachung hinauf und hat bald darauf den Gipfel erreicht.
Schwierigkeiten: Aufstieg durch den Lamstunnel steil und ausgesetzt, Gipfelfahrten einfacher.
Talort: Pertisau, 933 m, am Achensee oder Eng, 1218 m, südöstlich von Hinterriß.
Ausgangspunkt: Lamsenjochhütte, 1953 m, DAV, bew., von der Grameialm (Mautstraße von Pertisau) 1¾ Std., aus der Eng (Mautstraße von Hinterriß) 2 Std.
Abstieg: Von der Lamsenspitze über die Obere Lamsscharte (anfangs Sicherungen) zur Lamsenjochhütte.
Gehzeiten: Lamsenjochhütte — Hochnißlspitze 2¾ Std., Übergang zur Lamsenspitze 2 Std., zurück zur Hütte 1¼ Std.

Auf bekannten und stillen Wegen durch Wetterstein und Karwendel

Abwechslung heißt der Trumpf bei dieser Durchquerung. An Zugspitze und Alpspitze ist man so recht im Touristenstrom unterwegs, später folgen Wegabschnitte in erstaunlicher Abgeschiedenheit. Grandiose Felskessel gehören ebenso zum Programm wie der Fernblick in die Zentralalpen, die Schau über das Voralpenland mit seinen Seen oder die Vogelperspektive, aus der man die Tiroler Landeshauptstadt Innsbruck bewundern kann. Man steigt durch steile Wände, turnt über zerborstene Grate, überquert eine Karsthochfläche, rastet auf saftig grünen Matten . . . In diese Tour sind acht der gesicherten Steige eingebaut, zudem läßt sich ein gutes Dutzend Gipfel besteigen — es wird schon etwas geboten bei dieser Bergfahrt! Sie ist zudem in dieser Form — und das gehört bestimmt zum Besonderen — keine der üblichen Durchquerungen. Warum? Das scheint eine Frage der Mode zu sein, gibt es doch manches viel Bekanntere, das auch nicht entfernt so großartige Eindrücke vermittelt. Natürlich sind, besonders in den ersten Tagen, die verschiedensten Varianten möglich. So kann man z. B. mit einer Alpspitz-Überschreitung beginnen, dann weiter durchs Höllental auf die Zugspitze steigen und hernach durch das Reintal wieder auf die im Folgenden behandelte Route treffen.
1. Tag: *Garmisch-Partenkirchen — Höllentalangerhütte.* Über den Zugang von Hammersbach durch die Höllentalklamm oder vom Kreuzeck zur Hütte siehe Tour 26. 2 bzw. 1 Std.
2. Tag: *Höllental — Zugspitze — Wiener-Neustädter-Hütte.* Der großartige Höllentalaufstieg zur Zugspitze wird bei Tour 26 behandelt. Man kann anschließend auf dem Gipfel im Münchner Haus (DAV, sehr beschränkter Platz) oder in der Wiener-Neustädter-Hütte des ÖTK übernachten; der Abstieg durchs Österreichische Schneekar ist bei Tour 27 beschrieben. 5½ Std. Aufstieg, 1½ Std. Abstieg.
3. Tag: *Riffelscharte — Riffelspitze — Höllentalangerhütte.* Nach dem anstrengenden Zugspitztag folgt heute eine Tour zur Erholung. Von der Hütte steigt man Richtung Eibsee bis in 1500 Meter Höhe ab und erreicht von dort die Station Riffelriß der Bayerischen Zugspitzbahn. Wie bei Tour 28 erfolgt der Weiterweg. Den Höhepunkt des Tages bietet der Abstecher auf die Riffelspitze. Übernachtet wird wieder in der Höllentalangerhütte. Gesamtzeit 5 Std.
4. Tag: *Höllental — Mathaisenkar — Alpspitze — Hochalm.* Wer früh von der Hütte aufbricht, kann den wirklich großartigen Weg durch das Mathaisenkar (siehe Tour 25) in großer Ruhe erleben, denn der von der Alpspitze kommende „Gegenverkehr" setzt erst gegen Mittag ein. Man sollte sich bei dieser Tour viel Zeit lassen. Je später man die Alpspitze erreicht, desto ruhiger ist's dort oben, desto ungehinderter läßt es sich über die „Nordwand-Ferrata" hinabturnen (siehe Tour 24). Übernachtung in der Hochalm, 1704 m, privat, oder auch am Kreuzeck, 1660 m, DAV-Haus. Aufstieg mindestens 4 Std., Abstieg 1½ Std.
5. Tag: *Bockhütte — Oberreintal — Schachen — Meilerhütte.* Der Bernadeinweg führt quer durch die teilweise bewaldeten Hänge und erreicht dann nach kurzem, kräftigem Abstieg (Drahtseil) das Reintal bei der Bockhütte, 1059 m. Gegenüber geht es dann recht direkt wieder empor. Den kurzen Abstecher ins Oberreintal sollte sich niemand entgegen lassen; nach ½ Std. erreicht man einen

von glatten Felstürmen umstandenen Kessel, ein Dorado für die Extremkletterer. Vorbei am ehemaligen königlichen Jagdhaus Schachen (Rückblick ins Reintal) erreicht man die Meilerhütte, 2376 m, DAV, die malerisch und hochalpin in einer kantigen Felslücke liegt. Insgesamt 5 bis 7 Std.

Alternative: Schöngänge — Schützensteig — Reintalanger. Diese Variante bietet ein ganz besonderes Unternehmen, ist der Schützensteig doch nur ein recht kleiner, anspruchsvoller Pfad, genau gegenüber der 1400 Meter hohen Hochwanner-Nordwand (zweithöchste Wand Deutschlands). Man muß immer wieder ein wenig in den Schrofen klettern und zudem auf den Wegverlauf achten, um sich trotz der Markierungen nicht zu verirren. Der dem Schützensteig würdige Zugang: Von der Hochalm auf dem gesicherten Steig über die Schöngänge (siehe Tour 24), dann Abstieg zum Stuibensee, von dort ein Stückchen nach Osten schräg abwärts und auf Steigspuren wieder steil empor zur Mauerscharte und damit zum Schützensteig. Übernachtung in der Reintalangerhütte, 1366 m, DAV; 5½ Std. von der Hochalm. Am nächsten Tag dann zur Bockhütte und weiter wie oben.

6. Tag: *Dreitorspitze — Scharnitzjoch — Gaistal.* Der nächste Tag beginnt mit der Besteigung der Partenkirchener Dreitorspitze (Tour 30), ein Gang über Geröll, Klettersteig und Schrofen. Dann überquert man das Leutaschplatt, eine Karsthochfläche mit allen dazugehörenden Attributen wie Dolinen und Karren, zum Söllerpaß, kraxelt über die Steilhänge ins Puittal hinab und wandert wieder aufwärts ins Scharnitzjoch, 2050 m. Die hellgrauen, glatten Wände steil über dem Wanderer gehören zu den berühmten Kletterrevieren, bei jedem Eingeweihten hat das Wort Schüsselkarspitze einen guten Klang. Nach einer Jausen auf der Wettersteinhütte, 1717 m, geht's auf dem Wurzigen Steig hinab ins Gaistal und dann nach rechts noch ein gutes Stück talein zum Berggasthof Gaistalalm, 1366 m. Gesamtzeit 5½ Std.

7. Tag: *Niedermundesattel — Hohe Munde — Leutasch — Seefeld.* Die Hohe-Munde-Überschreitung — jedoch in umgekehrter Richtung — ist bei Tour 31 beschrieben. Am Nachmittag wird man noch mit dem Bus hinüberfahren in den mondänen Ferienort Seefeld, es sei denn, man zieht die stillere Atmosphäre des weitverstreuten Bergortes Leutasch für die Übernachtung vor. 4½ Std. Aufstieg, 2 Std. Abstieg (Lift).

8. Tag: *Reither Spitze — Freiungtürme — Solsteinhaus.* Diese Route ist genau bei Tour 33 beschrieben.

9. Tag: *Wilde Iß — Frau-Hitt-Sattel — Goetheweg — Pfeishütte.* Nur ein Hüttenübergang — oder eine große Bergtour? Für diese recht langgestreckte Route trifft wohl eher das zweite zu, denn zwischen dem Solsteinhaus und dem Frau-Hitt-Sattel sind die Wege nur klein, am Fuß der Solstein-Nordwände muß man zudem aufpassen, um das Steiglein nicht zu verlieren. Es gibt immer wieder steile Stellen, kurze Felseinlagen, ein paar Drahtseile und Stifte. Als Gegenleistung bekommt man einsame, herbe, recht eindrucksvolle Karwendellandschaft zu sehen. Im zweiten Teil ändert sich der Charakter; jetzt sind die Steige ordentlich, und so bleibt viel Zeit für den wohl einzigartigen Tiefblick über 1700 Meter hinab zur Großstadt Innsbruck. Von der Seegrube fährt man am besten das Stückchen mit der Bahn auf die Hafelekarspitze, 2334 m, um dann auf dem Goetheweg die Pfeishütte, 1922 m, OeAV, zu erreichen. Gesamte Gehzeit 7 bis 8 Std. Ganz Starke können vom Frau-Hitt-Sattel noch einen Abstecher zur Vorderen Brandjochspitze, 2559 m (1 Std. Aufstieg, ein paar Drahtseile, sonst Geröll und einige brüchige Schrofen), dazwischenschieben.

10. Tag: *Stempeljoch — Lafatscherjoch — Bettelwurfhütte.* Heute folgt noch ein Panorama-Tag. Nach dem kurzen Aufstieg ins Stempeljoch bleibt der Weg stets auf etwa 2000 Meter Höhe. Anfangs quert der „Wilde-Bande-Steig" unter den zerrissenen Ostwänden von Stempeljochspitzen und Roßkopf vorbei zum Lafatscherjoch. Dort lockt natürlich der Abstecher zur bekannten Speckkarspitze, 2621 m, 1½ Std. vom Joch. Der Aufstieg erfordert etwas Kletterei im schrofigen Fels. Zurückgekehrt ins Joch quert man dann unter den gerade erstürmten Gipfeln hindurch, geht ein paar kleine Kare aus, und kommt schließlich zur Bettelwurfhütte, 2079 m, OeAV, die mitten in den riesigen Steilhängen thront. Der Blick von dort über das Inntal nach Süden in die Zentralalpen ist vollkommen frei. Von Hütte zu Hütte 4 Std.

11. Tag: *Bettelwurf und Abstieg nach Hall in Tirol.* Die Tour auf den Bettelwurf finden Sie unter Nr. 34. Nach der Rückkehr zur Hütte folgt noch der lange Abstieg ins Halltal und zum Städtchen Hall. Aufstieg 2 Std., Abstieg 3 bis 3½ Std.

IV. Vom Kaiser zum Dachstein

13 gesicherte Steige, 15 Gipfel

Aus einem ganz einfachen Grund wird in diesem Kapitel ein sehr weiter Bereich zusammengefaßt: In dem gesamten Raum findet man kaum richtige Klettersteige und auch nur wenige gesicherte Wege, die auf schöne, große Felsgipfel führen. Die meisten Möglichkeiten bietet noch das Tiroler Mustergebirge, wie man den Wilden Kaiser bezeichnen möchte. Er zeigt auf engstem Raum alle Elemente, die eine Berggruppe sehenswert machen, steile Wände und gezackte Grate, Karböden und Wiesenmulden... Der Kaiser schenkt zudem ein ganz ungewöhnliches, besonders eindrucksvolles Erlebnis durch das Mit- und Nebeneinander von Bergwanderern und Kletterern. Vor allem in der Steinernen Rinne liegen die Einstiege zu den berühmten Ostwandrouten an der Fleischbank und den etwas weniger wilden Kletteranstiegen am Predigtstuhl direkt neben dem angelegten Weg, hier wachsen die fast senkrechten, wie polierten Wände unmittelbar vor dem Betrachter in den Himmel, und dies fast ohne Übergang vom flachen Kargelände zum Steilfels. Ungleich behäbiger, doch insgesamt gewaltiger, mächtiger, unwirtlicher sind die Gipfel in den Berchtesgadener und Salzburger Kalkalpen. Von ein paar Bergkämmen wie dem Watzmann-, dem Göllmassiv oder dem Gosaukamm abgesehen, herrscht hier ein ganz anderer Landschaftstyp vor. Fast alle Berggruppen werden aus weiten, welligen Hochplateaus gebildet, typische Karstlandschaften, über die die Gipfel nur mäßig aufragen. Die Hochflächen brechen nach außen jedoch in hohen und steilen, oft sehr morschen und deshalb zerborstenen, von Rinnen und Schluchten zerfurchten Wänden ab. So steigt man zum Beispiel in der Südflanke des Hochkönigs über eine 800 Meter hohe Riesensteilstufe auf, die spitzen Felsgipfel oberhalb wirken wie schmale Berge. Doch beim Erreichen der Birgkarscharte steht man urplötzlich auf einem fast ebenen Hochplateau. Im Gebiet der großen Karststöcke sind deshalb die Anstiege über die Randabstürze meist abwechslungsreicher und schwieriger als die eigentlichen Gipfelrouten.

Ein paar Zeilen seien noch dem Traunstein gewidmet, den man trotz seiner bescheidenen Höhe von 1691 Meter zu den großen Klettersteigbergen rechnen muß, und den wir deshalb auch nicht unter die Voralpen, zu denen er natürlich gehört, einreihen wollen. Wo gibt es sonst schon Wege, die durch ein tausend Meter hohes Felsgelände führen! Um die Größe zu verdeutlichen: die berühmten Dachstein-Südwände sind „nur" etwa 800 Meter hoch.

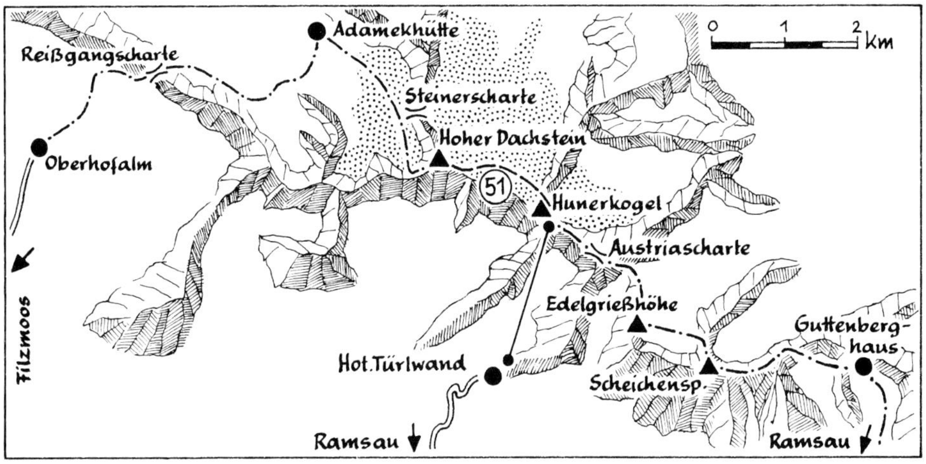

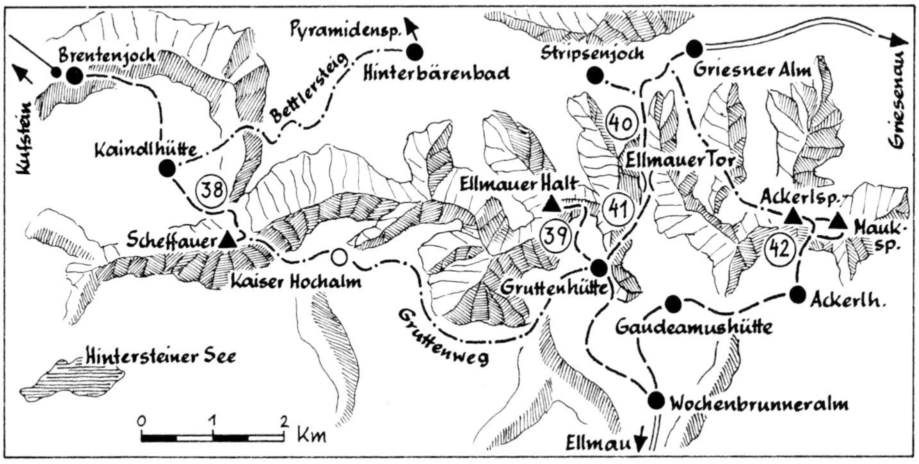

Gruttenhütte und Südabstürze der Ellmauer Halt, vom Gipfel nach rechts der Kopftörlgrat, eine der Genußklettereien im Kaiser.

◄◄ *Die typische Landschaft der Kaiser-Südseite; im Hintergrund Tuxeck und Ellmauer Halt, auf halber Höhe die Gruttenhütte.*

► *So nahe kommt der Bergwanderer am Ellmauer Tor den berühmten Kletterwänden von Fleischbank und Christaturm.*

38

Scheffauer, 2113 m

Widauersteig durch die Nordwand

Wer sich, von Westen kommend, unten im Inntal dem Wilden Kaiser nähert, sieht von diesem Tiroler Muster-Klettergebirge nur eine gewaltige, steilflankige Pyramide. Das ist der Scheffauer, der westliche Eckpfeiler des Gebirges. Von Norden und Süden schaut dieser Berg allerdings ganz anders aus; da präsentiert er sich als breite Mauer. Durch die von ganz markanten Felsplatten durchsetzte Nordwand führt einer der klassischen gesicherten Wege, der Widauersteig. Die Nähe von Kufstein und damit auch von München sowie der Kaiserlift sorgen für Popularität; es wird sich hier also niemand allzu einsam fühlen. Ein Band und eine große Schlucht sind die auffallendsten Merkmale der Route, die durch eine immerhin 400 Meter hohe Wand führt.

Bei der so weit reichenden Aussicht setzt der Tiefblick ins Inntal noch einen besonderen Akzent.

Schwierigkeiten: Gesicherter Steig ohne größere Probleme.

Talort: Kufstein, 504 m.

Ausgangspunkt: Kaindlhütte, 1318 m, privat, bew.; Fahrt mit den Kaiserliften zur Bergstation, dann noch ¼ Std. zu Fuß.

Abstieg: Auf gleicher Route (oder nach Süden zum Hintersteiner See, kleiner Steig durch sehr steiles Gras- und Schrofengelände).

Gehzeiten: Kaindlhütte — Scheffauer 2¾ Std.

39

Ellmauer Halt, 2344 m

Gamsangersteig von der Gruttenhütte

Der Hauptgipfel des Wilden Kaisers, der von allen Seiten als wuchtiger Dreikant mit arg zerborstenen Flanken ins Auge fällt, läßt sich auf einem angelegten und hauptsächlich mit Drahtseilen gesicherten Steig erklimmen. Doch Vorsicht! Das ist kein alpiner Spaziergang, wie mancher Leichtsinnige meint. Eine 500 Meter hohe Felsflanke muß in teilweise ausgesetztem Gelände überwunden werden, dazu kommen im oberen Teil der Route Steinschlag als häufige Begleitmusik und eine Art Sperrfeuer unten auf den Einstiegsbändern, das besonders beängstigend klingt, pfeifen die Steine doch aus großer Höhe herab. Doch genug der Warnungen. Dem Erfahrenen bietet die Tour eindrucksvolle Nahblicke und viele schöne Kletterstellen. Beim Gang über die erwähnten, sehr abschüssigen Bänder (Gamsanger) zum Beispiel befindet man sich — ohne viel in die Höhe zu steigen — plötzlich über hohen Wandabbrüchen. Man kann auch den Kletterern oben am Kopftörlgrat, einer der bekanntesten Genußklettereien überhaupt, zuschauen (besonders gut mit Fernglas). Im oberen Teil wird einem auch selbst das Emporkraxeln in dem ziemlich steilen, festen Fels viel Spaß machen. Und über die Aussicht von diesem überragenden Gipfel braucht man ohnedies kein Wort zu verlieren.

Schwierigkeiten: Gesicherter Steig mit ein paar steileren Felspartien, teilweise ausgesetzt, stark begangen, Steinschlaggefahr.

Talort: Ellmau, 804 m.

Ausgangspunkt: Gruttenhütte, 1620 m, DAV, bew.; von Ellmau auf Mautstraße zur Wochenbrunneralm, 1060 m, dann zu Fuß zur Hütte, 1½ Std.

Abstieg: Gleiche Route.

Gehzeiten: Gruttenhütte — Gipfel 2 bis 2½ Std.

40/41

Ellmauer Tor, 1990 m

Steinerne Rinne und Jubiläumssteig

Für diesen Weg gibt es wohl kein Gegenstück in den Alpen; deshalb sollte sich niemand von der Begehung abhalten lassen, mag es auch einmal vorkommen, daß die vielen Gleichgesinnten irgendwo einen Engpaß des Steiges verstopfen. Bis sich die „Verkehrsstaus" wieder aufgelöst haben, schaut man sich eben in Ruhe die Umgebung an. Wie eine Felsschüssel mit flachem Boden und senkrechten Seitenwänden wirkt die Steinerne Rinne, der Nordzugang zum Ellmauer Tor (Eggersteig). Die berühmtesten Kletterwände, die Fleischbank-Ostwand und die Predigtstuhl-Westwand, stehen unmittelbar über dem Betrachter, und manchmal ist der Fuß der Wände nicht weiter als einen Steinwurf entfernt. Wer früh am Tag unterwegs ist, kann den „Extremen" in den Kletterrouten zuschauen, hört das Klimpern der Karabiner und Klemmkeile, vernimmt die Seilkommandos und die Flüche, wenn einer mit einer schweren Stelle nicht zurecht-

kommt. Wo ist der Bergwanderer sonst schon so mittendrin im Revier der Kletterer! Aber auch der Weg selbst macht Spaß, immer wieder werden mit Hilfe von Sicherungen kurze, glatte Wandstellen überwunden (bei doch insgesamt wenig Kletterei). Die große Überraschung kommt oben am Ellmauer Tor: Von einem Schritt zum anderen wird der Blick auf die vergletscherten Zentralalpen frei. Ein Abstecher auf die Hintere Goinger Halt, 2192 m (¾ Std., Steiglein und leichte Kletterei), schenkt einem sogar selbst einen Kaisergipfel. Einen ganz anderen Akzent vermittelt dann der Jubiläumsweg hinüber zur Gruttenhütte: Hier quert man eine von Schluchten zerrissene Felsflanke.

Schwierigkeiten: Gut gesicherte Wege, jedoch ausgesetzte Stellen.
Talort: Griesenau, 727 m, an der Straße Kössen — St. Johann.
Ausgangspunkt: Griesener Alm, 988 m, Mautstraße von der Griesenau.
Zugang: Auf dem Weg Richtung Stripsenjoch bis zum Wildanger.
Abstieg: Von der Gruttenhütte zur Wochenbrunneralm und nach Ellmau.
Gehzeiten: Griesener Alm — Ellmauer Tor 3 Std., Ellmauer Tor — Gruttenhütte 1 Std., Abstieg 1¾ Std.

42

Ackerlspitze, 2331 m

Durch die Südflanke

Die Tour auf die Ackerlspitze, den mächtigen östlichen Eckpfeiler des Wilden Kaisers, vermittelt kein Klettersteigerlebnis im „dolomitischen" Sinn. Hier führt eine logische Route, den Einschnitten im Gelände folgend, zum Gipfel hinauf. Nur dort, wo die Felsen für einen richtigen Weg zu steil werden, helfen Sicherungen, vor allem Eisenklammern, weiter. Die 600 Meter hohe Flanke, in die zwei kleine Geröllmulden eingelagert sind, der Nieder- und der Hochsessel, bietet einen abwechslungsreichen Aufstieg inmitten einer ausgesprochen steilen Felslandschaft und mit einem stets freien Blick nach Süden über die Kitzbüheler Alpen hinweg zu den Hohen Tauern. Doch eines ist an dem Weg — leider — nicht ideal: Die Oberen gefährden die Nachkommenden mit Steinen. Und die steilen, grasdurchsetzten Schrofen erfordern zudem eine Portion Trittsicherheit. Wer sich in diesem Gelände wirklich sicher fühlt, kann beim Rückweg als spannende Fleißaufgabe noch die Maukspitze, 2231 m (Kletterei im Schwierigkeitsgrad I, keine Sicherungen, markiert), überschreiten. Ähnliche Bedingungen bietet auch der Nordabstieg über die hohe Fels- und Schrofenflanke ins Griesner Kar (Markierungen und Steig, jedoch keine Sicherungen).

Schwierigkeiten: Etwas anspruchsvollerer, nur spärlich gesicherter Steig, steile Schrofen, Steinschlaggefahr.
Talort: Ellmau, 804 m.
Ausgangspunkt: Wochenbrunneralm, 1060 m, Mautstraße von Ellmau.
Zugang: Zur Gaudeamushütte, dann Richtung Kleines Törl bis zum Baumgartenrücken, rechts ab und nach Osten zum Wandfuß.
Abstieg: Auf der gleichen Route, evtl. Überschreitung der Maukspitze.
Gehzeiten: Parkplatz — Gipfel 4½ Std.

Aus den Buchenwäldern scheinen die Kalkfelsen zu wachsen. Die Ellmauer Halt und ein Teil des vom Gipfel nach rechts ziehenden Kopftörlgrats sind zu sehen, und am rechten Bildrand die Gruttenhütte.

Fünf Tage durch das Kaisergebirge

In einer so wilden Felslandschaft wie dem Kaiser kann man keine Höhenwege im herkömmlichen Sinn anlegen. Die Steige überqueren allenfalls die Scharten, sonst führen sie am Fuß der Wände entlang. Dies mag der Grund sein, warum es keine „offizielle" Durchquerung des Gebirges gibt. Ganz zu unrecht — denn auch aus der Froschperspektive erlebt man hier die Welt der großen Felswände ungewöhnlich eindrucksvoll und unmittelbar. Zudem gibt es ja auch leicht erreichbare Gipfel und Scharten — man muß allerdings zwischendurch wieder relativ weit absteigen. Dennoch: die hier vorgeschlagene Kaisertour, die einem all das nahebringt, was in diesem Mustergebirge zu sehen ist, wird bestimmt niemanden enttäuschen.

1. Tag: *Durchholzen — Pyramidenspitze — Vorderkaiserfelden.* Dem Wilden Kaiser ist im Norden ein zwar ebenso mächtiges, jedoch etwa 300 Meter niedrigeres und um eine ganze Stufe sanfteres Massiv vorgelagert, der Zahme Kaiser. In seine Nordabstürze schmiegt sich das Winklkar, durch das unser — interessanter — Aufstieg führt. Der Steig paßt gut in dieses Buch, schlängelt er sich doch durch eine fast 400 Meter hohe Schrofenflanke; die steilsten Stellen sind dabei mit Drahtseilen, Klammern, Holzstufen usw. gesichert. Er endet auf der Pyramidenspitze, die die lustige Höhe von 1999 Metern hat. Der Abstieg führt über die verkarsteten, teilweise mit Latschen überzogenen Höhen westlich hinab nach Vorderkaiserfelden, 1388 m, DAV, bew. Ausgangspunkt ist Durchholzen, 684 m, Aufstieg 4½ Std., Abstieg 1½ Std.

2. Tag: *Hinterbärenbad — Bettlersteig — Kaindlhütte.* Auch der heutige, relativ niedrige Übergang hat seinen Reiz. Beim ersten Teil begeistert der Anblick der gewaltigen Abstürze der Kleinen Halt und des Totenkirchls, die man stets unmittelbar vor sich sieht. Im zweiten Abschnitt steckt der Weg selbst voller Überraschungen, muß er doch immer wieder schluchtartige Bacheinschnitte überwinden, bevor er die ausgedehnten Wiesen um die Kaindlhütte, 1318 m, privat, bew., erreicht hat. Gesamtzeit 4 Std.

3. Tag: *Scheffauer — Gruttenweg — Gruttenhütte.* Wie bei Tour 38 geht es über den Widauersteig zum Scheffauer hinauf und drüben hinab bis unter die Steilhänge. Nun folgt man dem Höhenweg nach Osten, der an der Kaiser-Hochalm vorbei und unter den Wänden des Tuxecks hindurch bis zur Gruttenhütte, 1620 m, DAV, bew., quer durch die Hänge führt. Gesamtzeit mindestens 5½ Std.

4. Tag: *Ellmauer Halt — Ellmauer Tor — Stripsenjoch.* Der Morgen gehört der Besteigung der Ellmauer Halt (siehe Tour 39), der Mittag und Nachmittag dem Übergang über das Ellmauer Tor zum Stripsenjochhaus, 1580 m, OeAV, bew. Den Sonnenuntergang sollte man vom nahen Stripsenkopf, 1809 m, ¾ Std., bewundern, ein einmaliges Erlebnis auf dieser Aussichtskanzel, die den berühmtesten Kaiser-Kletterbergen Totenkirchl und Fleischbank genau gegenüber liegt. 5 bis 6 Std. (ohne Stripsenkopf).

5. Tag: *Griesner Kar — Ackerlspitze — Going.* Von der bergsteigerischen Leistung her stellt der letzte Tag die größten Anforderungen. Das Steiglein aus dem Griesner Kar durch die 400 Meter hohe Nordflanke der Ackerlspitze ist zwar ordentlich angelegt und markiert, doch fehlen jegliche Sicherungen; so muß man an den vielen Kletterstellen (Schwierigkeitsgrad I) selbst seine Tritte und Griffe in dem erstaunlich festen Gestein suchen — und das in einem teilweise ausgesetzten Gelände (steile, grasdurchsetzte Felshänge). Den Abstieg nimmt man über die Route 42 bis zum Wandfuß und steigt dann am besten an der Ackerlhütte vorbei direkt nach Going ab. Gesamtzeit 6 bis 8 Std.

43

Hoher Göll, 2522 m

Mannlsteig

Der Hohe Göll serviert uns die schönste Klettersteigtour in den Berchtesgadener Alpen, ein eher gemütliches, sehr abwechslungsreiches Unternehmen mit einem Klettersteig für den Aufstieg und einer gesicherten Route (siehe Tour 44) beim Rückweg. Der Steig beginnt am Kehlstein mit dem Gang durch eine richtige Märchenwelt aus Riesenblöcken. Dann folgt eine kleinräumige Felslandschaft mit Zacken und Türmen, mit Wandln und Platten — der Mannlgrat. Gut gesichert bietet er ein sehr kurzweiliges Klettern ohne echte Probleme, es gibt jedoch ein paar ausgesetzte Stellen. Leider ist das wirklich Interessante in

der Mannlscharte schon zu Ende. Oberhalb unterbricht nur noch ein größerer Felsriegel die Hänge, sonst steigt man auf einem Wegerl über Gras, Schotter und Platten rasch in die Höhe. Zum Schluß folgt noch der gewaltige Geröllrücken der Gölleiten, der gar nicht „phantasielos" ist, wie es recht unzutreffend in einer Beschreibung heißt. Wo kann man sonst schon über einen so hohen Aussichtsbalkon wandern und sich frei von allen Problemen dem Schauen hingeben! Denn zur üblichen Fernsicht eines überragenden Berges kommt hier der Blick in die Täler rundum und auf die Festspielstadt Salzburg, die 2100 Meter tiefer liegt.
Schwierigkeiten: Sehr gut angelegter Steig mit zahlreichen Sicherungen, jedoch teilweise steiles und ausgesetztes Gelände.
Talort: Berchtesgaden, 571 m.
Ausgangspunkt: Kehlsteinhaus, 1837 m; mit Pkw bis zum Obersalzberg, dann mit dem Bus zum Parkplatz und in wenigen Minuten zum Haus (oder mit Lift dorthin).
Abstieg siehe Tour 44.
Gehzeit: Kehlstein — Göll 2½ Std.

44

Hoher Göll, 2522 m

Über den Eckerfirst

Der klassische Göllaufstieg von Norden war schon immer eine beliebte Bergfahrt, die Trittsicherheit und Schwindelfreiheit erfordert, aber sonst keine allzu großen Anforderungen stellt. Der Weg gliedert sich in drei Abschnitte. Anfangs folgt er dem begrünten Schrofengrat, führt dabei jedoch viel durch die seitlichen Flanken. Dann klettert er über den so charakteristisch quer gebänderten Wandaufschwung (rechts die direkte, steile, ausgiebig gesicherte Schusterroute, links die einfachere Kaminroute) und zieht schließlich über die geröllbedeckten, verkarsteten Gölleiten zum Gipfel hinauf. Doch eines begleitet den Bergsteiger während des ganzen Aufstiegs: die grandiosen Ausblicke.
Schwierigkeiten: Etwas einfacher als Tour 43.
Talort: Berchtesgaden, 571 m.
Ausgangspunkt: Roßfeldstraße (Mautstraße) oberhalb des Eckersattels.
Stützpunkt: Purtschellerhaus, 1692 m, DAV, bew., am Grat nach 1 Std. des Aufstiegs.
Abstieg: Gleiche Route oder auf Tour 43.
Gehzeit: Straße — Göll 3¼ Std.

45

Watzmann, 2713 m

Grattour hoch über der berühmten Ostwand

Wahrzeichen von Berchtesgaden, höchster, sagenumwobener Gipfel der Region, größte, berühmteste, berüchtigtste Wand in Deutschland — all das macht den Watzmann nicht nur zu einer fast mystischen Gestalt, sondern auch zu einem besonders begehrten Ziel. Die etwa vier Kilometer lange Felsmauer mit den drei deutlich ausgeprägten Gipfeln fällt nach Osten 1800 Meter tief (Watzmann-Ostwand), nach Westen auch noch bis zu 1700 Meter ab. Die sehr tief eingefurchten Täler rundum machen jede Watzmannbesteigung zu einer sehr langen Bergfahrt; man muß im Watzmannhaus übernachten. Ängstliche geben sich mit dem Hocheck, 2651 m, zufrieden, Bessere turnen über den Grat hinüber zur Mittelspitze, 2713 m, wobei ihnen ein gesicherter Steig ebenso hilft wie das waagrecht geschichtete Gelände, das immer wieder für beruhigend flache Absätze sorgt. Die Guten verfolgen den nun wesentlich anspruchsvolleren Grat — hoch über den beidseitigen Wänden — weiter zum Südgipfel, 2712 m, und steigen dann in das schuttgefüllte Wimbachgries ab. Das Besondere und auch Gefährliche an dieser Tour: Man kann den Gipfelgrat nur an seinen beiden Enden verlassen. Wehe also dem, der hier in ein Gewitter gerät!
Schwierigkeiten: Bis zum Hocheck einfach, Gratübergang zur Mittelspitze mit Kletterstellen (Sicherungen), Weiterweg zur Südspitze wesentlich anspruchsvoller, Hochtour, sehr dem Wind und Wetter ausgesetzt. Abstieg auf kleinem Steig, lang, außerdem bei Nebel schwer zu finden.
Talort: Berchtesgaden, 571 m.
Ausgangspunkt: Watzmannhaus, 1914 m, DAV, bew., zu ihm von der Wimbachbrücke an der Straße Berchtesgaden — Ramsau in 3½ Std.
Abstieg: Gleicher Weg oder Überschreitung ins Wimbachgries.
Gehzeiten: Watzmannhaus — Hocheck 2 Std., zur Mittelspitze ½ Std., weiter zur Südspitze 1½ Std., Abstieg 3 Std., insgesamt 7 Std.

◄◄ *Zur Abwechslung ein Bild der Watzmann-Westwand, die nahezu die gleiche Höhe erreicht wie die so berühmte Ostwand. Man erkennt gut den sehr, sehr langen Grat, der bei Tour 45 überschritten wird.*

▼► *Zwei typische Aufnahmen vom Gipfelgrat des Watzmanns mit den ungewöhnlich hohen und teilweise auch recht steilen Abstürzen auf beiden Seiten. Die waagrechte Schichtung des Gesteins erleichtert das Weiterkommen. Auf dem rechten Foto Blick von der Mittelspitze auf die Südspitze.*

Der Abstieg vom Hochkönig über die Birgkarscharte ins Birgkar erfordert in dem steilen Schrofengelände vor allem Trittsicherheit.

46

Persailhorn, 2350 m

Ein neuer gesicherter Steig

Aus den rostroten Felsabstürzen des Steinernen Meeres springt das Persailhorn mit seinem 250 Meter hohen Felsaufbau wie ein Schiffsbug gegen das Tal von Saalfelden vor. In den Westhängen liegt etwas verloren die Peter-Wiechenthaler-Hütte, 1707 m, ÖAV, bew. Wohl um ihre Anziehungskraft zu erhöhen, wurde der Hausberg mit einem neuen, gesicherten Gipfelaufstieg ausgestattet. Das ist eine reizvolle Route in dem stark gebänderten Felsgelände mit den steilen Wandstreifen, die durch flache Bänder voneinander getrennt sind. Drahtseile, Klammern und Stifte sorgen für die nötige Sicherheit, und so bleibt genügend Muße, die Ausblicke zu bewundern, die diese Tour zu etwas Besonderem machen. Steil zu Füßen breitet sich das weite Saalfeldener Talbecken aus, während den südlichen Horizont die endlos lange Kette der Hohen Tauern bildet, wo mancher Gletscher in der Sonne leuchtet.

Schwierigkeiten: Gut gesicherter Steig in teilweise steilem und etwas ausgesetztem Gelände.

Talort: Saalfelden, 749 m.

Ausgangspunkt: Ortsteil Bachwinkl, 830 m.

Zugang: Auf dem üblichen Aufstieg zur Peter-Wiechenthaler-Hütte.

Abstieg auf gleicher Route.

Gehzeiten: Tal — Peter-Wiechenthaler-Hütte 2½ Std., Hütte — Gipfel 2¼ Std.

47

Hochseiler, 2793 m

Durch die Teufelslöcher

Mit dem Begriff Klettersteig hat diese Tour nicht viel gemein. Es handelt sich um eine große Bergfahrt auf einen der höchsten Gipfel der Berchtesgadener Alpen (höher als der Watzmann!), um eine lange, anstrengende Tour, die schließlich durch eine hohe, teilweise gesicherte Schrofenflanke emporführt. Man muß kräftig, geschickt und schnell sein und braucht unbedingt völlige Trittsicherheit. Nur wer alle Voraussetzungen erfüllt, wird diese eindrucksvolle Fahrt wirklich würdigen können. Man ist nicht nur stundenlang in einem besonders wilden und noch absolut urtümlichen Winkel unterwegs, sondern man erlebt auch immer wieder die erstaunlichsten Überraschungen. Absoluter Höhepunkt sind die Teufelslöcher, zwei bestimmt 20 Meter hohe Felsenfenster unmittelbar unter dem Grat, eine Riesenbrille. Durch das rechte führt der Weg, und — die nächste Überraschung — jenseits steht man plötzlich auf einem Gletscherchen mit dem treffenden Namen Übergossene Alm. Auch das letzte Stück zum Gipfel hinauf bietet noch etwas Besonderes: das Turnen an Klammern über fast senkrechte Felsen. Eine Tour der Superlative für Fortgeschrittene!

Schwierigkeiten: Hohe, nur spärlich gesicherte Felsflanke, Kletterei in splittrigem Gestein, Steinschlaggefahr, sehr lange Tour.

Talort: Hinterthal, 1016 m, östlich von Maria Alm gelegen.

Zugang: Von Hinterthal auf bez. Steig zur Bertgenhütte (offen, unbewirtschaftet) und ins Schneekar.

Abstieg: Auf gleicher Route, schöner über die Übergossene Alm auf den Hochkönig (Tour 48).

Gehzeiten: Hinterthal — Gipfel 5 bis 6 Std. Übergang zum Hochkönig 1½ Std.

48

Hochkönig, 2941 m

Abstieg durch die Riesenflanke

Auch den Hauptgipfel der Berchtesgadener Alpen wollen wir vorstellen, selbst wenn man den Weg durch die 700 Meter hohe Südflanke trotz der Sicherungen eigentlich nicht unter die Klettersteige einreihen kann. Die pralle Südlage und das viele Geröll können einen Aufstieg zudem relativ mühevoll gestalten. Deshalb wollen wir diese Route als Abstieg nach unserer Tour durch die Teufelslöcher (Nr. 47) empfehlen. Mancher wird nach dem langen Aufstieg von Hintertal die zwei Kilometer über die Hochfläche — meist im Schnee — als „unverschämt“ weit empfinden, und dann kommt als besonderer „Schinder“ noch der Gipfelaufstieg von genau hundert Höhenmetern. Doch für die Plagerei erwartet einen auch ein ungewöhnlicher Lohn: Auf dieser so vollkommen freien Aussichtswarte beim Sonnenuntergang und Sonnenaufgang zuzuschauen, gehört bestimmt zu den aller eindrucksvollsten Erlebnissen. Während sich nach Norden die weite, im obersten Teil ver-

Diese riesigen Felsenfenster am Hochseiler werden im Volksmund Teufelslöcher genannt. Man kann sie von Hintertal aus gut mit bloßem Auge erkennen. Das rechte Loch wird bei Tour 47 durchquert.

gletscherte, Karstfläche wie ein gewelltes Feld ausbreitet, bricht der Bergstock nach Süden mehr als 1000 Meter ab, und man blickt ungehindert über die Dientner Schieferberge hinweg auf die zahllosen firnglänzenden Gipfel der Hohen Tauern. Im Moment gibt es jedoch ein ganz besonderes Problem. Das genau auf dem Gipfel des Hochkönigs gelegene Matrashaus brannte 1983 ab. Der Neubau des Hauses steht den Bergsteigern seit dem Spätsommer 1985 wieder zur Verfügung.

Schwierigkeiten: Steig von der Birgkarscharte durch die Südflanke teilweise gesichert, hochalpin, doch bei guten Verhältnissen ohne Schwierigkeiten.

Angaben für einen eventuellen Aufstieg: Talort Dienten, 1078 m, Ausgangspunkt Dientner Sattel, 1357 m, Aufstieg entweder durchs Birgkar oder über die Erichhütte, 1546 m, OeAV, bew., zur Birgkarscharte und zum Gipfel, insgesamt mindestens 5 Std.

Abstieg und Rückweg: Von der Birgkarscharte zur Erichhütte und weiter nach Dienten oder über den Sattel nördlich des Filzenkopfes zurück nach Hinterthal (siehe Tour 47).

Gehzeiten: Hinterthal — Teufelslöcher — Hochkönig (ohne Hochseiler) 5½ bis 7 Std., Abstieg bis Dienten 2½ Std., bis Hinterthal 4 bis 4½ Std. Noch ein Tip für konditionsstarke Bergsteiger, die Einsamkeit und eine völlig unberührte Natur lieben: Vom Hochkönig über die Übergossene Alm und den Herzogsteig in die Torscharte, 2246 m, Gegenanstieg auf das Brandhorn, 2609 m, und weiter über die riesige Karstfläche des Steinernen Meeres zum Kärlingerhaus (7 Std., nur für gutes Wetter!).

49 / 50

Traunstein, 1691 m

Tausendmeter-Klettersteige

Der Traunsee liegt nur ganze 422 Meter hoch. Und doch ist er der eindrucksvollste unter den großen Seen des Salzkammergutes. Vor allem ein Berg verleiht ihm sein malerisches Aussehen, der Traunstein. Das ist eine gewaltige, kantige Felsburg aus hellgrauen Kalkwänden, die bis ins Wasser herabreichen, und dunklen Sprenkeln aus Fichtenwald und Latschenflecken. Durch die Riesenflanke direkt über dem See führen gleich zwei Klettersteige zum Gipfelplateau hinauf, gleichsam Konkurrenzunternehmen, ein Weg des Alpenvereins und einer der Naturfreunde. Das sind ungewöhnlich lange, spannende und abwechslungsreiche Routen, an den nötigen Stellen (aber nur dort) gut und ausreichend gesichert, mit viel Kletterei, nie beängstigend ausgesetzt, aber doch zu anspruchsvoll für den Neuling. Am Hernlersteig ist über längere Strecken das Gestein abwärts geschichtet, was zu abschüssigen und damit schlechten Tritten führt. Natürlich wird man die eine Route im Aufstieg, die andere beim Rückweg begehen. Beide Steige haben eines gemeinsam: den ganz faszinierenden Tiefblick auf den Traunsee und auf Gmunden. Es gibt auch eine Überraschung: Die Wege münden oben auf ein Hochplateau mit zwei Hütten.

Schwierigkeiten: Gut gesicherte, aber schon etwas anspruchsvollere Steige durch eine 1000 Meter hohe Felsflanke, bei Nässe unangenehm rutschig.

Traumwetter im östlichen Dachsteingebiet: Blick von der Scheichenspitze (siehe „Zwei große Dachsteintage“) auf Eselstein, Stoderzinken, Kammspitze und Grimming (von vorne nach hinten).

Talort: Gmunden am Traunsee, 440 m.
Ausgangspunkt: Ortsteil Traunstein am Ostufer des Sees.
Aufstieg und Abstieg: Hernler- und Naturfreundesteig bieten etwa gleiche Bedingungen.
Gehzeit: 4½ Std. Aufstieg.

51

Hoher Dachstein, 2995 m

Auf einen der bekanntesten Alpenberge

König Dachstein — dieser Gipfel auf der Grenze zwischen Oberösterreich und der Steiermark — wird seinem Ehrentitel durchaus gerecht: Der Fast-Dreitausender überragt gewaltig seine nähere und weitere Umgebung, ja selbst die Schladminger Tauern, er bricht nach Süden in einer 800 Meter hohen Wand ab, an den Nordfuß der Gipfelfelsen schmiegen sich zwei Gletscher, die größten Eisströme der Nördlichen Kalkalpen. Die Besteigung ist durch eine Seilbahn zum Hunerkogel zu einem Halbtagsausflug geworden, einem Ausflug, den sich leider auch mancher Unberufene zutraut. Trotz Bahnnähe bleibt dies eine vollwertige Bergtour über ein Gletscherfeld und einen 250 Meter hohen Felsaufbau. Von der Randkluft führt ein gesicherter Klettersteig steil längs der auffallenden Rinne, die die ganze Nordwand durchreißt, zum Gipfel hinauf. Man kann auch den „Felsweg“ begehen, der oberhalb der Dachsteinwarte beginnt. Sein besonderes Merkmal ist die große Querung auf dem Mecklenburger Band, das zur erwähnten Steilrinne führt. Man sollte an folgendes denken: Beide Anstiege verlaufen auf der Nordseite, es ist also mit nassem Fels, Schnee oder gar Eis zu rechnen, und das kann aus einem mittelschweren Aufstieg rasch eine ernste Angelegenheit machen. Außerdem muß man trotz der breiten Spur mit Spalten auf dem Hallstätter Gletscher rechnen.
Schwierigkeiten: Steiler, aber gut gesicherter Steig, Gletscherbegehung, Spaltengefahr!
Talort: Ramsau, 1135 m, oberhalb von Schladming.
Ausgangspunkt: Hunerkogel, 2694 m, dorthin mit der Seilbahn von der Türlwandhütte (Mautstraße aus der Ramsau).
Abstieg: Gleiche Route, eventuell zum Gosaugletscher über den Westgrat (siehe unten). Man kann vom obersten Gosaugletscher auf kühner, gesicherter Anlage die Steinerscharte, 2722 m, zum Hallstätter Gletscher überschreiten.
Gehzeiten: Seilbahn — Gipfel 1½ Std.

Zwei große Dachsteintage

Es wäre allzu schade, mit einer einzigen Tour, auch wenn sie zum Hauptgipfel des Gebietes führt, das Thema Dachstein abzuhaken. Deshalb folgt hier eine kurze Anregung zur Durchquerung des Gebiets. Sie gehört gleicherweise zu den eindrucksvollsten wie anspruchsvollsten Fahrten in diesem Buch. Das Dachsteingebiet bietet eine Fülle unterschiedlicher Landschaftsformen auf engem Raum: wilde Felsgipfel wie die Bischofsmütze, große Steilmauern, Gletscherbecken, Karsthochflächen, langgezogene Grate, Mattengelände, Seen . . .

1. Tag: *Filzmoos — Linzer Weg — Hochkesseleck — Adamekhütte.* Ungemein abwechslungsreicher, spannender Höhenweg mit gegensätzlichen Eindrücken, wie den herrlichen Wiesenböden am Rinderfeld, der Steilschlucht an der Reißgangscharte, den exponierten Kletterstellen (Sicherungen) im hellen, festen Karstfels am Reißgangkogel, am Niederen und am Hohen Kesseleck, 2260 m, den hochalpinen Regionen mit Schuttfeldern, Gletscherschliffplatten und Schneefeldern im letzten Abschnitt des Weges. Man läßt sich am besten mit dem Taxi von Filzmoos zur Oberhofalm fahren, steigt von dort zum Rinderfeld hinauf, wo man auf den Linzer Steig trifft. Übernachtung in der Adamekhütte, 2196 m, OeAV. Gehzeit 5 Std.

2. Tag: *Dachstein-Überschreitung — Austriascharte — Scheichenspitze — Guttenberghaus.* Über den Großen Gosaugletscher (Spalten) steigt man zur Oberen Windlucke empor und klettert über den Westgrat — direkt oberhalb der riesigen Südabstürze — mit Hilfe der Sicherungen auf den Gipfel des Hohen Dachsteins. Abstieg zum Hunerkogel siehe Tour 51. Wer noch Kraft für einen vierstündigen Weiterweg hat, überquert die Austriascharte, 2736 m (Sicherungen), und die Edelgrießhöhe zum Nordfuß der Scheichenspitze, 2664 m (Sicherungen). Zum Ausklang des sehr, sehr langen Tages werden noch dieser Gipfel und sein östlicher Vorbau, die Hohe Rams, 2551 m, überschritten. Insgesamt mindestens 8 Std. Übernachtung im Guttenberghaus, 2146 m, OeAV.

3. Tag: *Abstieg in die Ramsau,* 1½ Std.

V. Im Osten Österreichs

(Ennstaler Alpen, Hochschwab, Rax, Schneeberg, Hohe Wand)

21 gesicherte Steige, 14 Gipfel

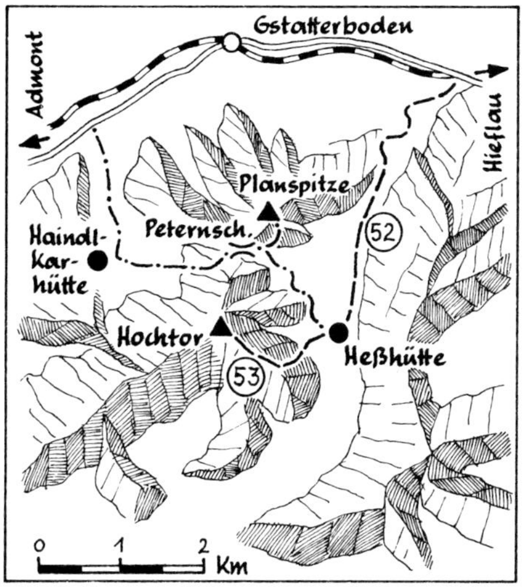

Den Wiener Bergsteigern werden wir in diesem Kapitel wohl nichts Neues verraten können. Doch erstaunlicherweise hören die Alpen für fast alle, die aus dem Westen kommen, etwa mit dem Dachstein auf. Dabei zählt das Gesäuse bestimmt zu den großartigen und faszinierenden Berggebieten. Es ist eine Landschaft von erstaunlicher Wucht und Wildheit und von einer Ursprünglichkeit, die man zumindest im Österreichischen sonst kaum noch findet. Aus einer bizarr zerklüfteten Wald-, Latschen-, Geröll- und Felswildnis wachsen tausend Meter hoch die Wände zum Gesäuse-Hauptkamm empor, der an ein stark vergrößertes Kaisergebirge erinnert. Um volle 1800 Meter überragen die Gipfel die hier schon sehr wasserreiche Enns. In den Bergen rundum, die man unter dem Begriff Ennstaler Alpen zusammenfassen kann, gibt es viele interessante, meist ordentlich angelegte Wege, hin und wieder helfen auch Sicherungen über schwierige Stellen hinweg, wie etwa am Hexenturm in den Haller Mauern, am Großen Buchstein oder auch am Kaiserschild. Doch richtige Klettersteige gehören im Gesäuse und dem benachbarten Hochschwabgebiet zu den Ausnahmen, obwohl die Gipfel dazu wahrlich felsig genug wären.

Wenn wir weiter nach Osten vordringen, dann werden die Berggruppen zwar niedriger und insgesamt zeigen sie auch keine so imposanten Formen mehr, dafür nimmt aber die Zahl und die Attraktivität der Klettersteige sprunghaft zu. Eine wahre Königin in dieser Beziehung ist die Rax, die große Liebe der Wiener Ausflügler, Wanderer, Bergsteiger, Kletterer... In gewisser Weise ist das eine Landschaft verkehrt: Die Gipfelregionen zeigen ausgesprochen sanfte Formen, dafür gibt es wilde Abbrüche und Wände über den Tälern. Das ist ganz typisch für eine Karstlandschaft, zu der weite, gewellte Hochflächen und Randabstürze von oft vielen hundert Metern Höhe gehören. Teilweise sind diese Plateaus von Gras überzogen, oft jedoch versinken sie in regelrechten Latschenmeeren. Da ergibt es sich ganz von alleine, daß die interessantesten Wege in den Randabbrüchen zu finden sind, und die schönsten Aussichtsfleckerl am Rand der Plateaus liegen, wo zur Fernsicht noch der Blick in die Tiefe kommt. Und vor allem in der Rax sind die Wände geradezu durchzogen von gesicherten Wegen und Klettersteigen. Den Gebietsfremden wird es erstaunen, daß so niedrige Berge oft so lange Aufstiegszeiten erfordern. Die Erklärung ist einfach: Hier sind die Täler besonders tief eingeschnitten, und so ergeben sich sehr große Höhenunterschiede.

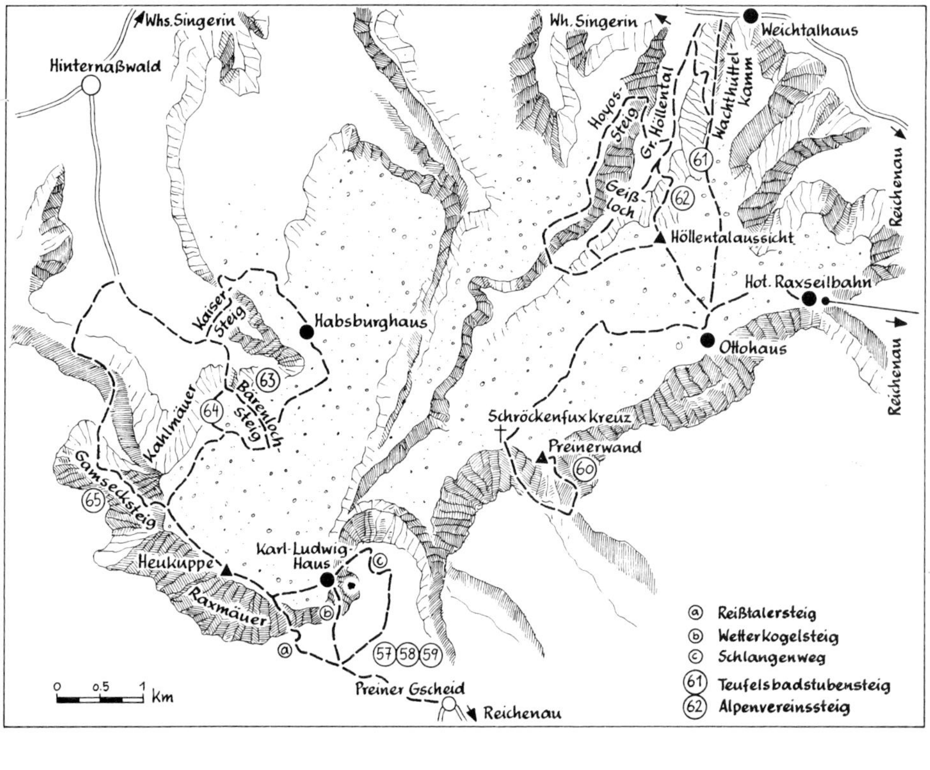

◄◄ Der Schartenturm oberhalb der Peternscharte im Gesäuse.

► Die Nordabstürze von Dachl, Roßkuppe und Peternschartenkopf, darüber die Planspitze. Durch diese Felswildnis schlängelt sich der – nicht gesicherte – Peternpfad.

52 / 53

Hochtor, 2369 m

Wasserfallweg und Josephinensteig

Der lange Weg aus der tiefen Ennstalfurche auf den Hauptgipfel der Gesäuseberge wartet mit drei sehr unterschiedlichen Landschaftseindrücken auf. In der ersten Abteilung wird dem Begeher eine Mischung aus Waldweg, Klettersteig und dolomitischer Felswildnis geboten. Mit einer 500 Meter hohen, fast senkrechten Wand bricht das Gelände ins Ennstal ab. Diese Steilstufe überwindet der Wasserfallweg mit viel Geschick; er umgeht die meisten Felspassagen, so daß erst im oberen Teil Drahtseile und schließlich eine Reihe von Leitern notwendig werden. Über der Stufe folgen dann mehrere Tälchen, die teils mit Wald, teils mit Latschen bewachsen sind. Sie führen zur „doppelten" Heßhütte (Alt- und Neubau, 1699 m, OeAV, bew.). Oberhalb, in der dritten Abteilung, wird das Gelände dann frei und recht alpin. Der Josephinensteig zieht durch eine 400 Meter hohe Schrofenflanke hinauf. Immer wieder gilt es, kleine Felsstufen mit und ohne Drahtseilhilfe zu überklettern. Das macht Spaß, ist abwechslungsreich und wird nie irgendwie problematisch. Schließlich geht es auf, meist jedoch südlich unter dem noch recht langen Grat zum höchsten Punkt hinüber. Wer ein bißchen Geschick im Klettern hat, wird im mittleren Teil (vor und hinter dem ausgeprägten Vorgipfel) dem Grat selbst folgen, um den Tellersack zu bewundern. So heißt das Ostkar des Hochtors, aus dem die Wände in ganz ungewöhnlich stark gebankten Gesteinsschichten ansteigen, die treffend als Amphitheater für Riesen bezeichnet wurden. Die Aussicht vom alles überragenden Gipfel ist völlig unbegrenzt, und doch beeindruckt der Tiefblick über die Nordwände hinab zur Enns (1800 Meter tiefer) am meisten.

Schwierigkeiten: Wasserfallweg sehr gut gesicherter Steig im Wald, am Hochtor leichte Kletterei mit und ohne Drahtseil, Trittsicherheit unbedingt notwendig, Steinschlaggefahr.

Talorte: Admont, 640 m, oder Hieflau, 503 m.

Ausgangspunkt: Kummerbrücke über die Enns, 572 m, 2 km östlich von Gstatterboden im Gesäuse.

Abstieg auf gleicher Route.

Gehzeit: Kummerbrücke — Heßhütte 3½ Std., Hütte — Gipfel 2¼ Std.

Zwei Gesäusetage

Das folgende ist keine Bergwanderung mehr! Man muß unbedingt den Schwierigkeitsgrad I sicher klettern können. Wer ihn beherrscht, kann eine der eindrucksvollsten Touren dieses Buches in Angriff nehmen. Das Haindlkar mit den schuttgefüllten Schluchten und den zernagten Felskämmen im unteren Teil und den glatten Tausendmeterwänden darüber ist das Urbild einer Felswildnis. Aus ihm führt der Peternpfad schräg zum Hauptkamm hinauf, geschickt die „Schwachstellen" im Gelände nutzend. Auf dieser Route gibt es zwar Markierungen, aber kaum Steighilfen.

1. Tag: *Haindlkar — Peternpfad — (Planspitze) — Heßhütte.* Diese lange Tour beginnt mit einem Aufstieg bis kurz vor die Haindlkarhütte, 1121 m, OeAV, bew., dann folgt der Peternpfad, der im oberen Teil über eine hohe Felsstufe (I +) in die Peternscharte, 2057 m, führt. Wer noch Kraft hat, erklettert die Planspitze, 2117 m, (Steig, I, ½ Std.), über die gebänderte Südflanke. Dann quert man zur Heßhütte hinüber. Enns — Heßhütte 5 bis 6 Std.

2. Tag: *Hochtor — Heßhütte — Wasserfallweg.* Diese wesentlich weniger anstrengende Etappe wird bei Tour 53 beschrieben.

54

Grete-Klinger-Steig

Vordernbergmauer, 1753 m, und Eisenerzer Reichenstein, 2165 m

Vom Eisenerzer Reichenstein, diesem kantigen, rotbraunen Felsklotz, zieht ein hoher Grat nach Südosten, der zuerst ganz üppig von Gras überzogen ist und der in den beiden kegelförmigen Gipfeln Grüblmauer, 1990 m, und Vordernberger Zinken, 1971 m, kulminiert. Dann sinkt der Grat allmählich ab, wird dafür jedoch recht felsig. Diese teilweise scharfe, weiter unten auch von Steilstufen unterbrochene Schneide überquert der Grete-Klinger-Steig, ein — für die Eisenerzer Alpen — erstaunlich anspruchsvoller Weg, gut gesichert, doch steil, ausgesetzt und recht lang. Zum Besonderen gehört die Vogelschau auf den uralten Ort Vordernberg mit seinen stillgelegten

Die Nordabstürze der Gesäuseberge gehören zu den eindrucksvollsten Klettergebieten Österreichs. Die Aufnahme zeigt (von links): Planspitze, Peternschartenkopf und Roßkuppe, Dachl und Hochtor.

Neben den schönen, hellen Kalkwänden des G'hacktsteins führt der Weg über Geröll, Schrofen und Felsen durchs G'hackte hinauf zur Hochfläche und nach Nordosten zum Gipfel des Hochschwab.

Radwerken. Wer nach dem langen Klettersteig über Fahnenköpfl und Vordernbergmauer ein paar Kraftreserven übrig hat, wird noch vom Rottörl zum Reichenstein hinaufsteigen (1 Std.), um die Aussicht zu bewundern und in der Reichensteinhütte, 2121 m, OeAV, bew., kurz unter dem Gipfel bei einer Jause wieder neue Kräfte zu sammeln.
Schwierigkeiten: Gut gesicherter Steig, jedoch recht steil und ausgesetzt, wegen des Grases Vorsicht bei Nässe; lang.
Talort: Trofaiach, 660 m.
Ausgangspunkt: Gasthof Hirnalm, 943 m; Zufahrt von Hafning, nördlicher Ortsteil von Trofaiach durch den Krumpengraben.
Zugang: Auf Steigen zum Barbarakreuz.
Rückweg: Vom Rottörl direkt — am Krumpensee vorbei — zurück zum Auto, oder Aufstieg zum Reichenstein und Abstieg über Reichenhals und Krumpenhals.
Gehzeiten: Hirnalm — Grete-Klinger-Steig — Rottörl 4½ Std., direkter Abstieg 1½ Std.

55

Pfaffenstein, 1871 m

Südwandsteig und Markussteig

Der Pfaffenstein, ein südwestlicher Vorposten der Hochschwabgruppe, schiebt sich weit gegen die alte Bergwerksstadt Eisenerz vor und wird so zur ganz besonderen Aussichtsloge über dem Erzberg, jenem rostroten Terrassengipfel, den die Bergarbeiter immer mehr zusammenschrumpfen lassen — ein einmaliges, aber letztendlich doch häßliches Bild. Da bietet der Pfaffenstein selbst schon einen schöneren Anblick, dieser Berg mit den drei Gesichtern: Von Nordwesten gesehen zeigt er sich als breiter Latschenkopf, von Westen als schöner Felsdom, während die Südseite von einem sehr breitgezogenen Wandgürtel gebildet wird. Durch diese 200 Meter hohe, stark von Gras durchsetzte Mauer führt der Südwandsteig, ein spannender Aufstieg, der gute Trittsicherheit erfordert, denn die Sicherungen sind hier eher spärlich angebracht. Ein sauberes, sorgfältiges Gehen wird damit zur Notwendigkeit. Die — für das Gebiet typische — Überraschung: über der Wand stößt man auf weite, flache Böden, über die man problemlos zum Gipfelkreuz hinaufwandert. Beim Abstieg auf dem Markussteig hat man zuerst den Leopoldsteiner See genau unter sich, doch dann wendet sich der Weg nach links, wo eine kurze Felsstufe mit guten Sicherungen noch einmal für Spannung sorgt.
Schwierigkeiten: Südwandsteig in sehr steilem Schrofengelände, bei Nässe nicht ratsam; Markussteig einfacher.
Talort: Eisenerz, 736 m.
Ausgangspunkt: In Eisenerz von der Hauptstraße durch die Siedlung steil empor zum höchstgelegenen Haus, etwa 800 m.
Zugang: Auf markiertem Steig durch Wald und über Lichtungen zur Südwand.
Abstieg: Auf dem Markussteig zurück nach Eisenerz.
Gehzeiten: Aufstieg 2¾ Std., Abstieg 1½ Std.

56

Hochschwab, 2277 m

Vom Bodenbauer durchs G'hackte

Nein, ein Klettersteig ist der Weg durchs G'hackte, wie jene etwa 150 Meter hohe Felsstufe in den sonst viel gewaltigeren Südwänden im zentralen Hochschwabmassiv genannt wird, nicht. Durch eine enge Felsschlucht, in der sich lange der Schnee hält, führen Holzstufen steil empor. Weiter oben helfen noch ein paar Sicherungen; das ist bereits alles. Und doch sollte jeder, der schon einmal in der Gegend unterwegs ist, sich das eigenwillige Hochschwabgebiet etwas näher anschauen, diese so zergliederte Karstlandschaft. Bereits beim Zugang durch das Trawiestal wird man schon mit großen Felsbildern verwöhnt, bieten doch die Randabstürze und die vorgelagerten Türme manch malerischen Anblick, und es gibt berühmte Kletterberge wie die Festlbeilsteine oder die Stangenwand zu bewundern. Und an der zwei Kilometer breiten Südwand des Hochschwab kommt man sowieso vorbei.
Schwierigkeiten: Gesicherter Steig ohne Probleme.
Talort: Aflenz Kurort, 765 m, bei Kapfenberg.
Ausgangspunkt: Gasthof Bodenbauer, 877 m; 12 Kilometer von Thörl bei Aflenz im waldreichen St. Ilgener Tal.
Die Route: Durch das Trawiestal zum G'hacktbrunnen und über die Felsstufe zur Hochfläche und auf den Hochschwab.
Abstieg auf gleicher Route.
Gehzeit: 4½ Std. Aufstieg.

Der Haidsteig an der Rax vermag auch einem alten ‚Klettersteig-Hasen' noch Ehrfurcht einzuflößen. Die 400 Meter hohen Südwestabstürze der Preinerwand sind teilweise äußerst steil!

57/58/59

Heukuppe, 2007 m

Von der Preiner Gscheid auf den Hauptgipfel der Rax

Heukuppe — das ist ein treffender Name für den flachen, grasüberzogenen Kegel, der deutlich aus der verkarsteten Rax-Hochfläche emporwächst. Nach Süden bricht das Plateau mit den breiten Raxmäuern ab, die allerdings nur bis zu 200 Meter hoch werden. Viele Schrofen- und Graszonen sind in die Felsen eingelagert. In diesem Gelände hat offensichtlich jeder alpine Verein seinen eigenen Steig, so gibt es mehr als ein Halbdutzend Möglichkeiten vom felsfreien Steig (Schlangenweg) bis zu teilweise gesicherten Felsrouten wie dem Karl-Kantner-Steig (rote Markierung) östlich unter dem Karl-Ludwig-Haus, 1804 m, ÖTK, bew., dem Gretchensteig, einer Abkürzung des Wetterkogelsteiges (beide grün markiert), dem Reißtalersteig (gelbe Markierung) drüben im Westen. Natürlich erfordern auch sie eine gewisse Trittsicherheit — vor allem bei Nässe wird das Gelände recht schmierig —, doch innerhalb dieses Buches muß man sie unter „einfach" einstufen. Die größte Gefahr besteht noch darin, in diesem schon fast verwirrenden Netz von Wegen, die richtige Abzweigung zu verpassen — doch auch das wäre nicht besonders tragisch, denn „alle Wege führen nach Rom", in diesem Fall auf die Heukuppe.
Schwierigkeiten: Gesicherte Steige ohne Probleme.
Talort: Payerbach-Reichenau, 484 m.
Ausgangspunkt: Preiner Gscheid, 1070 m, 14 Kilometer von Reichenau auf guter Paßstraße.
Rundtour: Natürlich wird man für Auf- und Abstieg verschiedene der gesicherten Routen wählen; am interessantesten wäre ein Aufstieg über den Karl-Kantner-Steig und ein Abstieg über den Gretchen- oder Reißtalersteig (oder umgekehrt).
Gehzeit: Aufstieg ab Preiner Gscheid 2½ bis 3 Std.

60

Haidsteig

Extremer Klettersteig durch die Preiner Wand

Auch diese Weganlage führt auf einen Gipfel der Rax, und zwar auf die Preiner Wand, 1783 m, und stellt doch eine Art Gegenstück zu den vorher beschriebenen Routen dar. Dort gibt es eine breite Schrofenflanke, hier jedoch eine glatte, 400 Meter hohe, senkrecht erscheinende Wand. Und mitten durch diese Mauer führt der Haidsteig. Manche Stellen sind so steil und ausgesetzt, wie sie sonst nur der Kletterer schärferer Richtung erlebt. Ein Aufstieg über diesen Steig hat mit hochalpinem Wandern nichts mehr gemein, das ist echte Kletterei — trotz der guten Sicherungen. Ein besonderes Kuriosum stellt der künstliche Steigbaum dar, eine Eisenstange mit frei nach links und rechts herausragenden Sprossen. Trotz der fünf Leitern, des fast durchgehenden Drahtseils, der Klammern und Stifte kann man hier nicht, wie bei manchem Eisenweg, von Sicherung zu Sicherung steigen, sondern muß sich die Tritte oft selber suchen. Also ein Leckerbissen für den Könner! Außerdem: Hut ab vor August Cepl, der diese wirklich verwegene Anlage schon 1910—13 gebaut hat.
Schwierigkeiten: Gut gesicherter, aber trotzdem sehr anspruchsvoller Klettersteig in steilster Wand.
Talort: Payerbach-Reichenau, 484 m.
Ausgangspunkt: Hotel Rax-Seilbahn, 1547 m, Zufahrt mit der Seilbahn von Hirschwang, einem nördlichen Ortsteil von Reichenau.
Zugang: Über die Hochfläche am Ottohaus, 1644 m, OeAV, bew., vorbei zum Sattel am Schröckenfuxkreuz nordwestlich der Preiner Wand und *Abstieg* über den Holzknechtsteig zum Wandfuß.
Rückweg über die Hochfläche zur Seilbahn.
Gehzeiten: Zugang 1¾ Std., Klettersteig 1½ Std., Rückweg 1 Std.

61/62

Rund ums Große Höllental

Sechs Steige im Nordosten der Raxalpe

Wahrscheinlich soll der Gebietsfremde erst einmal ordentlich verwirrt werden. Die Schwarza durchfließt das tief eingefurchte Haupttal zwischen Rax und Schneeberg — ein malerischer Einschnitt mit dem gewundenen Fluß, dem vielen Wald und den felsdurchsetzten Steilhängen darüber. Von ihm zweigt nach Süden ein richtiger Cañon ab mit

breiter, flacher, von Wald bedeckter Talsohle, doch umsäumt von zerklüfteten, bis zu 600 Meter hohen Wänden. Beide Täler tragen den Namen Höllental. Und jetzt beginnt die Verwirrung: Das kleinere der beiden Täler wird als Großes Höllental bezeichnet. Warum? Es gibt noch ein drittes, ganz kurzes Tal, das Kleine Höllental. Sechs Steige gibt es allein in und um das nur drei Kilometer lange Große Höllental! Was soll man sich herauspicken? Zweierlei darf man sich auf keinen Fall entgehen lassen: einen der beiden langen, gesicherten Steige durch die ostseitige Wandflucht und den Tiefblick von der sogenannten Höllentalaussicht, einem 1620 Meter hohen Aussichtsplatz am Oberrand der Wände. Schon 1802 ließ Erzherzog Johann einen Jagdsteig durch die 400 Meter hohe Wand errichten, der heute, natürlich neu ausgebaut, den einprägsamen Namen Teufelsbadstubensteig trägt. Die Alternative dazu wäre der Alpenvereinssteig im Talhintergrund, wo die Abbrüche an die 600 Meter hoch sind. Er beginnt an einer senkrechten 60-Meter-Wand mit einer Eisenleiter. Beide Steige sind mit Seilen, Ketten, Stiften, Leitern usw. ausgiebig gesichert, führen teilweise durch ausgesetztes Gelände, stellen jedoch den Trittsicheren vor keine ernsten Probleme. So bleibt Zeit und Muße, die grandiose, urtümliche, von Schluchten und Rippen geprägte Felslandschaft zu bewundern, die bei dieser geringen Höhe natürlich stark bewachsen ist. Weitere Tourenmöglichkeiten findet man auf den beiden Begrenzungsrücken des Großen Höllentals; vor allem der Wachthüttelkamm mit seiner 200 Meter hohen Steilstufe unmittelbar über dem Tal (Sicherungen meist im Wald) bietet einen reizvollen Auf- bzw. Abstieg. Etwas höhere Ansprüche an den Begeher stellt der Pfad durch das Geißloch mit seiner kurzen, aber steilen Felsstufe. Und schließlich gibt es noch in der westlichen Wand den ebenfalls gesicherten Ernst-Graf-Hoyos-Steig.

Schwierigkeiten: Gute gesicherte Steige, teilweise ausgesetzt, doch ohne größere Schwierigkeiten; Vorsicht bei Nässe; etwas anspruchsvoller ist der Geißlochsteig.
Talort: Payerbach-Reichenau, 484 m.
Ausgangspunkt: Weichtalhaus, 563 m, TVN, im Höllental, neun Kilometer von Reichenau.
Gehzeiten: Weichtalhaus — Hochfläche je nach Route 3 bis 4 Std.

63/64/65

Im Bereich der Kahlmäuer

Drei Steige durch die Nordwestabstürze der Rax

Zum Abschluß unserer Runde um die Rax wollen wir uns noch den Bereich der Kahlmäuer anschauen, jener bis zu 500 Meter hohen Wand im Westen und Nordwesten des Gebietes. Am nördlichen Rand der Mauer führt ein Steig durch eine beeindruckende, wildzerklüftete Felslandschaft mit tiefen Schluchten und kurzen Steilstufen. Die Sicherungen helfen über die Schwierigkeiten gut hinweg. Bärenloch und Bärengraben — das ist ein sehr kompliziertes, unübersichtliches Gelände, hier würde sich kein Fremder ohne die guten Markierungen zurechtfinden! Nach etwa einer Stunde im Felsbereich verzweigt sich die Route. Links führt der Bärenlochsteig empor, rechts geht es über die „Wildfährte" in die Wand hinaus, ein Gang über Grasbänder und Felsen mit grandiosen Tiefblicken. Wandert man dann über die Hochfläche noch zwei Kilometer nach Süden, dann kommt man auf die Heukuppe, 2007 m, den höchsten Berg der Raxalpe. Für den Abstieg bietet sich der Gamsecksteig an, auch er überwindet mit Hilfe von Sicherungen eine gut 200 Meter hohe Felsstufe.

Schwierigkeiten: Gut gesicherte Steige, teilweise etwas ausgesetzt.
Talort: Payerbach-Reichenau, 484 m.
Ausgangspunkt: Hinternaßwald, 740 m; von Reichenau durchs Höllental zum Gasthof Singerin und weiter durchs Naßtal, 22 km.
Rundtouren: Entweder Bärenlochsteig — Habsburghaus, 1785 m, OeAV, bew. — Kaisersteig, oder Wildfährte — Heukuppe — Gamsecksteig.
Gehzeiten: Hinternaßwald — Habsburghaus 3½ Std.; Hinternaßwald — Heukuppe 4½ Std.

66

Klosterwappen, 2075 m

Durch die Weichtalklamm auf den Schneeberg

„Halb Drachenschlund, halb Blumengrund" — dieser alte, schwärmerische Ausspruch paßt gut zur Weichtal-

Eine Klettersteigspezialität in der Nähe von Wien sind die Eisensteigbäume. Dieser gehört zum Pittentaler Steig, einer Anlage, die schwierige Kletterei erfordert. Er ist im Buch nicht beschrieben, man findet ihn am Türkensturz in der Buckligen Welt.

klamm. Ein gesicherter Steig im Grund einer teilweise nur wenige Meter breiten, glatten, zu Gufeln ausgewaschenen Schlucht, immer wieder gewürzt mit kurzen Kletterstellen — das ist auch für den Verwöhnten etwas Besonderes, Einmaliges. Siebenmal treten die Felsen so nahe zusammen, daß richtige Klammen entstehen, dazwischen weitet sich das Tal zu etwas breiteren Becken. Die Schlucht endet bei der Jakobsquelle, dann geht es durch Wald hinauf zur Kientalerhütte, 1380 m, ÖTK, am Wochenende bew. Hier ist eine besondere „Einlage" möglich: Der kleine Felszacken Turmstein, 1416 m, hat seine eigene, gar nicht so einfache „Ferrata"; die ganze Sache beansprucht jedoch nur zehn Minuten. Der Weiterweg auf den höchsten Punkt des Schneebergs ist hingegen noch eine weite Wanderung über anfangs nur sanft ansteigende Hänge mit Bäumen und Latschen. Im oberen Teil wird das Gelände dann freier, aber auch steiler, und man steigt über Gras zum Gipfel des Klosterwappens an. Das ist der östlichste Zweitausender der Alpen und damit ein feiner Aussichtsberg; auch Wien gehört zum Panorama.
Schwierigkeiten: In der Klamm gesicherter Weg ohne Probleme, doch oft naß, oberhalb keine Schwierigkeiten mehr.
Talort: Payerbach-Reichenau, 484 m.
Ausgangspunkt: Weichtalhaus, 563 m, TVN, im Höllental, 9 km von Reichenau.
Abstieg auf gleicher Route.
Gehzeiten: Weichtalhaus — Kientalerhütte 2½ Std., Weiterweg auf den Schneeberg 2 Std.

67

Hohe Wand, 1135 m

Steige jeglicher Schwierigkeiten

Es kommt nur auf den Standpunkt an! In den Dolomiten liegt manches Tal schon höher als dieses Bergmassiv mit seinen maximal 1135 Metern, das wie zum Hohn auch noch die Bezeichnung „Hohe" Wand trägt. Doch in Wirklichkeit bietet der Südostrand dieses bewaldeten Karststockes einen großartigen Blick auf das Alpenvorland um Wiener Neustadt, auf die Bucklige Welt . . . Mit einem sieben Kilometer breiten Wandstreifen aus hellem Kalk bricht die Hochfläche nach Südosten ab, der von einer Unzahl von Wegen, gesicherten Steigen und vor allem Kletterrouten aller Schwierigkeitsgrade überzogen ist, ja sogar eine in den Fels gesprengte Straße führt über den Absturz empor. Das Ganze ist ein Mittelding zwischen Klettergarten und richtigem Hochgebirge und stellt eine ideale Schule dar, um mit dem Fels vertraut zu werden. An keiner anderen Stelle gibt es so viele Steige so nahe nebeneinander wie hier, Steige jeglicher Schwierigkeiten. Es fehlt in diesem Buch ganz einfach der Platz, um zwölf verschiedene Möglichkeiten alle einzeln zu behandeln. Man findet hier auch recht originelle Routen wie den Frauenluckensteig, wo mit Hilfe einer Leiter im Inneren des Berges ein Schacht überwunden wird. Und zwei der Anlagen (Toni-Baltzarek-Steig, Wildenauersteig) führen durch ausgesprochen steile Wände und sind dabei nur recht sparsam gesichert. Sie gehören somit zum Anspruchsvollsten in unserem Buch! Wer sie sicher meistert, darf sich an fast alle anderen Klettersteige der Alpen wagen; das bezieht sich natürlich nur auf die Kletterfertigkeit, für größere Berge braucht man zusätzlich viel bergsteigerisches Wissen und Können.
Schwierigkeiten: Verschiedene Steige von „einfach" bis „sehr anspruchsvoll".
Ausgangsort: Neue Welt etwa 10 km westlich von Wiener Neustadt.
Zugänge und Abstiege: Verschiedene Wege ziehen am Wandfuß und an dessen Oberkante entlang, so daß man die einzelnen Durchstiegsmöglichkeiten oft miteinander verbinden kann.
Gehzeit: 1 bis 1½ Std.

VI. In den Zentralalpen

9 Steige auf 14 Gipfel

Seejöchl heißt der breite Einschnitt am Fuß der Schlicker Seespitze, dem Hauptgipfel der Kalkkögel in den Stubaier Alpen. Dort stoßen zwei Welten aufeinander. Östlich der Scharte beherrschen riesige, hellgraue Geröllhalden das Bild, sie kommen von den zu bizarrsten Formen zerklüfteten Felstürmen und Zacken herab. Gegenüber steigen relativ sanfte und saftig grüne Hänge auf, ein Stückchen tiefer leuchtet die Wasserfläche eines Karsees. Deutlicher können die Kontraste zwischen einer Landschaft aus Kalk und einer aus kristallinem Gestein, aus dem die Zentralalpen hauptsächlich aufgebaut sind, nicht ausfallen. In den Kalkalpen gibt es inzwischen weit über hundert Klettersteige, in den Gneis- und Granitbergen jedoch keinen einzigen, der den Namen wirklich verdient (die Tschenglser Hochwand kommt dem noch am nächsten). Man findet nur einige Wege mit Sicherungen, um einen Gipfel zu erreichen oder leichter von Hütte zu Hütte zu kommen. Das liegt — wohlbemerkt — nicht am Charakter des Gesteins; an den schönen Felsgipfeln der Schobergruppe in den Hohen Tauern zum Beispiel könnte man ideale Anlagen bauen. Die Höhe und die Abgelegenheit der Berge sind eher die Ursache dafür, sorgten doch für manchen Klettersteig Verkehrsvereine, Lift- und Seilbahngesellschaften oder Hüttenwirte (nicht immer natürlich aus ganz uneigennützigen Gründen), und es ist kein Zufall, daß sich die meisten als Tagestour begehen lassen. Als eine Art Kontrastprogramm haben wir hier wenigstens fünf Anlagen im Urgestein herausgesucht und beschrieben. (Marchreisenspitze, Ochsenwand und Elfermassiv sind — trotz ihrer Zugehörigkeit zu den Zentralalpen — ja aus Kalk aufgebaut.) Es handelt sich dabei um Touren, die noch einigermaßen in dieses Buch passen; wir wollen nicht so anspruchsvolle Hochtouren wie den Ortler oder den Großglockner, nur weil es dort ein paar Sicherungen gibt, unter die Steige dieses Buches einreihen und damit Bergsteiger zu Fahrten verlocken, denen sie vielleicht nicht gewachsen sind. Ja, selbst eine Tour wie die Hochalmspitze stellt schon hohe Anforderungen, und nur der, der mit dem Pickel umzugehen weiß, sollte sich daran wagen. Hier noch ein paar Anregungen zu schönen, großen Bergfahrten: Zu einer Dreitagestour lassen sich das Schareck, 3122 m, mit einem Aufstieg vom Niedersachsenhaus und der Sonnblick, 3105 m, mit seiner Ostgratroute verbinden. Ein teilweise gesicherter Weg überschreitet das Schönbichler Horn, 3133 m, in den Zillertaler Alpen, und eine gut, aber spärlich gesicherte, anspruchsvolle Kletterei auf ausgesetzten Platten bietet der Olperer, 3476 m, im Tuxer Hauptkamm. Doch Achtung! Das Gefrorene-Wand-Kees (Tuxer Gletscher) ist recht spaltenreich.

Fulpmes im äußeren Stubaital wird von den drei höchsten Gipfeln der Kalkkögel überragt, von der Schlicker Seespitze, der Riepenwand und der Ochsenwand. Sie ist der rechte der drei Berge. Über das von ihrem Gipfel nach links herabziehende Bollwerk führt ein eindrucksvoller, sozusagen ‚nagelneuer' Klettersteig.

Auch die Marchreisenspitze, den Hauptgipfel im nördlichen Teil der Kalkkögel, kann man auf gesicherten Steigen überschreiten — eine recht abwechslungsreiche Bergtour ohne größere Schwierigkeiten.

68

Marchreisenspitze, 2620 m

Der Lustige-Bergler-Steig

Die Nordtiroler haben ihre eigenen Dolomiten in Kleinausgabe, die Kalkkögel, eine sieben Kilometer lange Kette rostroter, oft zu grotesken Formen verwitterter Felsköpfe, Türme, Nadeln. Sie sind so richtig in Schutthalden eingebettet, der Beweis für die enorme Brüchigkeit des Gesteins. Im Nordteil der Kette dominiert die Marchreisenspitze, ein mächtiger Felskegel, dessen scheinbar so kompakter Aufbau beim Näherkommen immer mehr in Rinnen, Rippen, Grate und Schluchten aufgegliedert wird. Deshalb bietet der Aufstieg auf dem Lustigen-Bergler-Steig nicht allzu viel Kletterei, ein paar Felsstufen mit Drahtseil, einige Klammern — geschickt schlängelt sich der Weg durch das zerborstene Gelände und vermeidet dabei die Steilstufen. Er beginnt unten am Halsl und führt dann in der Schrofenflanke links des Nordgrates, an ein paar besonders wilden Türmen vorbei, rasch zum *Ampferstein,* 2556 m, hinauf. Zwei Felsschlüpfe „nur für Magere" und eine schneegefüllte Schlucht sind dann die Hauptmerkmale beim Übergang zur Marchreisenspitze.

Schwierigkeiten: Gut angelegter Steig mit einigen gesicherten Stufen, Trittsicherheit im Schrofengelände notwendig, doch ohne besondere Schwierigkeiten.

Talort: Axams, 874 m, westlich von Innsbruck.

Ausgangspunkt: Birgitzköpfel, 2035 m; Straße von Axams in die Axamer Lizum, 1564 m, dann Liftfahrt.

Abstieg: Nach Süden, dann nach Westen in die Malgrubenscharte und durch das Lizumer Kar zurück in die Axamer Lizum. Wer sich die Kalkkögel noch näher anschauen will, wandert auf dem Gsallerweg zur Alpenklubscharte (Vorsicht; kurze, schneegefüllte Schlucht!) und erreicht nach einer Querung an der Westseite des Kammes den Hoadl (Bergbahn).

Gehzeiten: Aufstieg 2¾ Std., Rundtour über die Alpenklubscharte zusätzlich 3½ Std.

69

Große Ochsenwand, 2700 m

Ein fast dolomitischer Klettersteig über dem Stubaital

Die wuchtigen Felsgipfel im Südteil der Kalkkögel sind — wie viele Dolomitenberge — ganz auffallend waagrecht gebändert. Infolge dieser Schichtung gibt es auch hier tief eingerissene Schluchten und einen ganzen Wald bizarrster Felstürme und Nadeln. Auch der neu erbaute Schlicker Klettersteig erinnert mehr an die Dolomiten als an eine Anlage in Nordtirol. Er führt sehr direkt über den Südostpfeiler der Großen Ochsenwand und ist dabei stets mit einem guten, dicken Drahtseil entschärft. Doch es bleibt genug Kletterarbeit, wurde doch bei der Zahl der Klammern und künstlichen Tritte eher gespart. Und da es hier auch senkrechte Stellen gibt, muß man manchmal schon kräftig zupacken. Die ersten 300 Höhenmeter geht es sehr steil empor, dann folgen Graspleisen, in denen immer wieder groteske Felsgebilde stehen; diese bieten dann auch im oberen Teil noch ein paar Kletterstellen. Wessen Tatendrang damit noch nicht erschöpft ist, dem sei eine Besteigung der *Schlicker Seespitze,* 2804 m, empfohlen mit anschließendem Rückweg über das Schlicker Schartl. So besteigt man nicht nur den höchsten Gipfel der Kalkkögel, sondern genießt auch eine besondere Vielfalt an Ausblicken, wobei sich besonders schön die Stubaier Dreitausender mit ihren Gletschern präsentieren.

Schwierigkeiten: Sehr gut gesicherter, aber trotzdem anspruchsvoller Klettersteig mit senkrechten Stellen, bei Nässe schmierig.

Talort: Fulpmes, 937 m.

Ausgangspunkt: Kreuzjoch, 2100 m, dorthin mit zwei Sesselliften.

Zugang: Etwa 300 Höhenmeter Abstieg an der Zirmachalm vorbei, dann westwärts empor zum Einstieg in 2020 Meter Höhe.

Abstieg: Über den ebenfalls gesicherten Grat nach Norden bis vor die Kleine Ochsenwand, um sie rechts herum in die Alpenklubscharte und hinab in die Schlick.

Rundtour: Von der Ochsenwand über den Grat nach Süden auf eine Schulter, dann rechts des Grates durch eine steile Schuttrinne. Weiter über die riesigen Schutthalden am Fuß der senkrechten Abbrüche der Riepenwand zum großen Weg. Auf ihm ins Seejöchl, nach links und durch die hohe Schuttflanke und

über ein paar Felsen auf die Schlicker Seespitze. Zurück ins Seejöchl, hinüber ins Schlicker Schartl und nördlich unter dem Burgstall vorbei zurück zum Kreuzjoch.
Gehzeiten: Kreuzjoch — Ochsenwand 3 Std., Seespitz-Runde 3½ bis 4 Std. zusätzlich.

70/71

Das Elfermassiv, 2505 m

Steige verschiedener Schwierigkeiten

Das Elfermassiv mit seinen Türmen, Felsklötzen und Blöcken sieht aus wie der Steinbaukasten eines Riesen. An den Elfertürmen gibt es ein paar glatte Wände, Tummelplätze für extreme Kletterer. Seit einiger Zeit bietet dieses Mittelding zwischen Klettergarten und Dolomitenbergen auch dem Klettersteigliebhaber einiges. Wer es sehr wild und exponiert liebt, steigt durch die teilweise senkrechte Nordwand längs der spärlichen Sicherungen zum westlichen der Zwillingstürme auf, während man das südlich anschließende, ungemein zerklüftete Massiv der Elferspitze sogar überschreiten kann. Das ist eine etwas einfachere Route mit ein paar recht spannenden Stellen, zudem eine Route, die voller Überraschungen steckt.
Schwierigkeiten: Überaus steile und sehr anspruchsvolle Route über 150 Höhenmeter an den Elfertürmen, etwas einfachere Überschreitung der Elferspitze zur Zwölfernieder.
Talort: Neustift, 993 m.
Ausgangspunkt: Bergstation des Sesselliftes, 1812 m.
Zugang: Über den Rücken zum Elfermassiv.
Rückweg: Nach einer Überschreitung muß man von der Zwölfernieder aus das Massiv östlich umrunden und kommt so wieder zum Lift.
Gehzeiten: Zugang vom Lift gut 1½ Std., Anstiege und Überschreitung ½ bzw. 1 Std., Rückweg von der Zwölfernieder gut 1 Std.

72

Hoher Tenn, 3368 m

Große Bergfahrt in der Glocknergruppe

Über der Gleiwitzer Hütte gibt es einen schönen, großen Gipfel, einen einzigen, den Hohen Tenn. Unangenehm steile und ausgesetzte Graspleisen und ein Felskamm aus Bratschen, wie dieses schiefrige, stark verwitternde Gestein in den Hohen Tauern genannt wird, gestalteten ursprünglich den Zugang von der Hütte zum Gipfel recht schwierig. Was lag also näher, als hier eine Steiganlage zu bauen, einen Weg in die Grashänge zu graben, die Felsen zu gesichern. So entstand der Gleiwitzer Höhenweg, und der Hohe Tenn wurde zu einem beliebten Dreitausender. Aber trotz des Weges bleibt diese Tour eine ernste, hochalpine Bergfahrt, für den Schnee am Gipfelaufbau und manchmal auch am Grat braucht man meist einen Pickel und unter Umständen auch Steigeisen. Noch ein paar Worte zur Route. Oberhalb des Ochsenkares wird es spannend; über Platten und Steilgras klimmt man zum Kamm hinauf. Dann folgt man meist dem Grat in einem herrlich freien Gelände, klettert über mehrere Felsköpfe, um schließlich über einen Firnhang den Schneespitz, 3318 m, und von dort über den manchmal ebenfalls verschneiten Grat den Hauptgipfel, auch Bergspitz genannt, zu erreichen. Als Aussichtsloge verdient der Hohe Tenn drei Sterne, denn man schaut nicht nur hinüber zu den anderen Tauerngipfeln. Dank der vorgeschobenen Lage sind auch die Tiefblicke besonders eindrucksvoll; unter sich hat man den Moserboden, im Norden schimmert die Wasserfläche des Zeller Sees.
Schwierigkeiten: Hochalpine Bergfahrt auf einen großen Dreitausender, stark von den Verhältnissen abhängig; Trittsicherheit im Steilgras, auf Bratschen und im Schnee unbedingt notwendig.
Talort: Fusch, 820 m.
Ausgangspunkt: Gleiwitzer Hütte, 2176 m, DAV, bew., 3½ Std. Aufstieg auf gutem Weg.
Abstieg: Auf der gleichen Route, evtl. vom Kempsenkopf zum Moserboden.

73

Hochalmspitze, 3360 m, Säuleck, 3085 m

Detmolder Weg über vier Dreitausender

Diese Tour liegt in jeder Beziehung weit ab von den anderen Klettersteigfahrten, räumlich, im Charakter und in der Art

Über den plattigen Südgrat der Hochalmspitze führt der gesicherte Detmolder Weg, der gegen den Gipfel zu ein paar recht interessante Kletterstellen bietet. Wegen der Gletscher und der großen Höhe ist die Mitnahme der Eisausrüstung notwendig.

der Berge. Die Hochalmspitze, der Hauptgipfel der östlichen Hohen Tauern, gehört zu den typischen Zentralalpenbergen. Sie wächst mächtig aus drei Gletscherbecken empor, ist ein fein zugespitzter Gipfel mit ganz auffallenden Plattenwänden nach Westen. Der Aufstieg von Südwesten über die *Winklspitze,* 3150 m, bleibt trotz der Sicherungen in den steilen, kurzzeitig auch recht ausgesetzten Gipfelfelsen eine große und hochalpine Bergfahrt. Manchmal benötigt man für einen ganz kurzen, aber steilen Firnhang Pickel und Steigeisen. Bei der südlichen Hälfte des etwa 3½ Kilometer langen Grates wechseln Gehgelände und gesicherte Kletterstellen miteinander ab. Einen Abbruch von 30 Meter Höhe muß man an der Gussenbauerspitze überwinden, wegen der glatten Wände unterhalb ist er besonders eindrucksvoll. Die Route von der Gießener Hütte über das Säuleck zur Hochalmspitze ist ein wahrlich langes Unternehmen. Doch wem es zu anstrengend wird, der kann nach der *Schneewinklspitze,* 3016 m, die Tour unterbrechen, kann gemütlich in der so schön neu ausgebauten Hütte übernachten und ist am nächsten Morgen nach eineinhalb Stunden wieder oben am Grat.

Schwierigkeiten: Anspruchsvolle, hochalpine Tour mit steilen, teilweise ausgesetzten Stellen, evtl. steiler Schnee, als Tagestour sehr lang.

Talort: Malta, 843 m, im nördlichen Kärnten.

Ausgangspunkt: Gießener Hütte, 2203 m, DAV, bew.; von Malta mit Pkw durch den Gößgraben zum Speicher Gößkar, 12 km, und zu Fuß in 1½ Std. zur Hütte.

Zugang: Auf dem Buderusweg Richtung Arthur-von-Schmid-Haus zur Mallnitzer Scharte, jenseits 50 Höhenmeter hinab, dann nach Norden auf das Säuleck.
Abstieg: Von der Hochalmspitze über den Südostgrat zu der Scharte vor den Steinernen Mannln, sehr steil nach Süden (Drahtseile) auf das Trippkees und zurück zur Hütte.
Gehzeiten: Hütte — Säuleck 3 Std., Säuleck — Hochalmspitze 4 bis 5 Std., Abstieg 2 Std.

74

Tschenglser Hochwand, 3375 m

Gegenüber der Ortler-Nordwand

Eine Art Klettersteig mit Drahtseilen, Stiften, Leitern usw. im Urgestein, das ist schon ein ungewohntes Erlebnis. Die Tschenglser Hochwand ragt als breites Felsmassiv im Hintergrund des Zaytales auf; sie liegt also in jener Berggruppe, die dem Ortler nordöstlich gegenüber steht. Nach Süden bricht das Massiv mit einer 300 Meter hohen, rostroten und ziemlich zerborstenen Wand ab. Über den Pfeiler im linken Teil dieser Flanke führt die Route. Das zu Blöcken zerfallene Gestein wirkt recht unsolid, doch weiß jeder Zentralalpen-Erfahrene, wie fest es in Wirklichkeit verkeilt ist. Nur auf den herumliegenden Schutt sollte man aufpassen, um Nachkommende nicht zu gefährden. In dieser Umgebung tritt ohnedies das Klettersteigerlebnis hinter das Schauen zurück. Die berühmten Nordwände von Ortler, 3899 m, und Königsspitze hat man ständig im Blickfeld, Abstürze bis zu 1200 Meter Höhe aus einem ungewöhnlich morschen Gestein, die jedoch malerisch mit Eiswänden und -rinnen verziert sind.

Die beiden Hauptgipfel über dem Zaytal mit ihren teilweise gesicherten, recht hochalpinen Wegen sollen wenigstens erwähnt werden. Beim *Hohen Angelus,* 3521 m, benützt man den Nordwestgrat, der im oberen Teil in eine mäßig geneigte Firnschneide übergeht. Bei guten Verhältnissen bietet die Route keine ernsthaften Schwierigkeiten. Wesentlich mehr Können und Erfahrung mit hohen Bergen erfordert die *Vertainspitze,* 3544 m, die man ebenfalls über den Nordwestgrat besteigt. Er beginnt mit einer breiten, dunklen Felsmauer, über die ordentliche Sicherungen emporführen. Im oberen, flacheren Teil des Grates trifft man häufig auf Schnee und Eis, dann braucht man einen Pickel und weniger Erfahrene auch ein Seil. Insgesamt wird diese Tour mit dem Schwierigkeitsgrad II eingestuft.

Schwierigkeiten: Gesicherter Steig ohne echte Probleme, jedoch auf einen sehr hohen Berg.
Talort: Sulden, 1907 m.
Ausgangspunkt: Düsseldorfer Hütte (Zaytalhütte, Rifugio Serristori), 2721 m, CAI, bew.; von Sulden mit Lift auf die Kanzel, 2350 m, und in 1¼ Std. auf gutem Weg zur Hütte.
Abstieg: Durch eine große Rinne (evtl. Schnee) parallel zum Aufstiegsgrat.
Gehzeit: 2½ Std. Aufstieg.
Weitere Möglichkeiten: Hoher-Angelus-Westgrat, teilweise Firn, 2½ Std.; Vertainspitze-Nordwestgrat, II, 2½ Std., Schöneck, 3128 m, Steig, 1 Std.

Auch der Westgrat der Vertainspitze, 3544 m, den das Foto rechts im Profil zeigt, ist teilweise gesichert. Dieser Aufstieg gehört zu den interessanten Bergfahrten in der Ortlergruppe. Wegen der Schneefelder und der oft vereisten Felsen wollten wir diese Tour jedoch nicht unter unsere ‚gesicherten Steige' einreihen.

VII. Brentagruppe

und südwestliches Trentino

15 Steige und 12 Gipfel

Zwischen der tiefen Furche des Etschtales und den mächtigen Eisgipfeln der Presanella- und Adamellogruppe steht eine etwa 40 Kilometer lange, von Norden nach Süden ziehende Kette wuchtiger Kalkberge, die Brentagruppe, die von mundfaulen deutschen Bergsteigern meist nur als Brenta tituliert wird. Die bizarren Formen, der Reichtum an hohen, wilden Wänden, an zersägten Graten, an Türmen und Zacken und nicht zuletzt die waagrechte Schichtung des Gesteins demonstrieren überdeutlich die geologische Verwandtschaft mit den Dolomiten, zu denen die Brenta jedoch, geographisch betrachtet, nicht gehört.
Der Bocchetteweg war schon ein Zauberwort und Magnet für alle trittsicheren und wirklich schwindelfreien Bergsteiger, lange bevor mancher der heute so beliebten Klettersteige überhaupt erbaut worden war. Und noch jetzt bieten die Brentawege ein ganz eigenes Erlebnis, das mit nichts vergleichbar ist. Hier handelt es sich nämlich nicht um wahllos verstreute Einzeltouren, sondern um eine logische Folge von Steigen; der nächste schließt jeweils unmittelbar an den vorangegangenen an. Es wäre deshalb auch nicht sinnvoll, die Wege unabhängig voneinander zu beschreiben, nein, sie werden hier gleich so aneinander gereiht, wie es einer Durchquerung entspricht. Zum Schluß folgt dann noch ein Vorschlag für einen abwechslungsreichen Rückweg.
Der Hauptgipfel der Brentagruppe, die Cima Tosa, bringt es auf stolze 3173 m, und die Steige durchqueren meist Höhen zwischen 2500 und 3000 Meter. Schon aus diesen nüchternen Zahlen läßt sich das Hochalpine dieser Touren ablesen. Vor allem der Schnee in den so jähen Felsrinnen sorgt für Gefahr, auch wenn es meist eine deutliche — aber oft vereiste — Spur gibt. Ein Pickel kann da wertvolle Hilfe leisten! Und bei den schmalen Bändern über himmelhohen Wänden, den manchmal fast senkrechten Leitern, gehören echte Schwindelfreiheit und eine ordentliche Portion an Trittsicherheit zum nötigen Rüstzeug.
Noch ein Hinweis: Während der Hochsaison herrscht hier ein reger Betrieb — in den Felsen und mehr noch in den Hütten. Diese liegen zudem ausnahmslos in grandiosen Umgebungen, am Rand von trümmergefüllten Felskesseln, mit kleinen Gletschern in den Karhintergründen und mit wilden Felsgipfeln darüber.
Die meist etwas unbedeutenden, teilweise jedoch besonders anspruchsvollen Klettersteige im südwestlichen Trentino bis hinab zum Gardasee werden von den Bergsteigern aus dem Norden verhältnismäßig wenig besucht — sie liegen einfach zu weit ab von den üblichen Routen. Deshalb streifen wir die „Monte Albanos“ und „Rocchettas“ in diesem Buch nur kurz. Es sind Touren für Schlechtwetter, für den Spätherbst und vor allem für das Frühjahr, denn dann blüht es dort in unvergleichlicher Pracht.

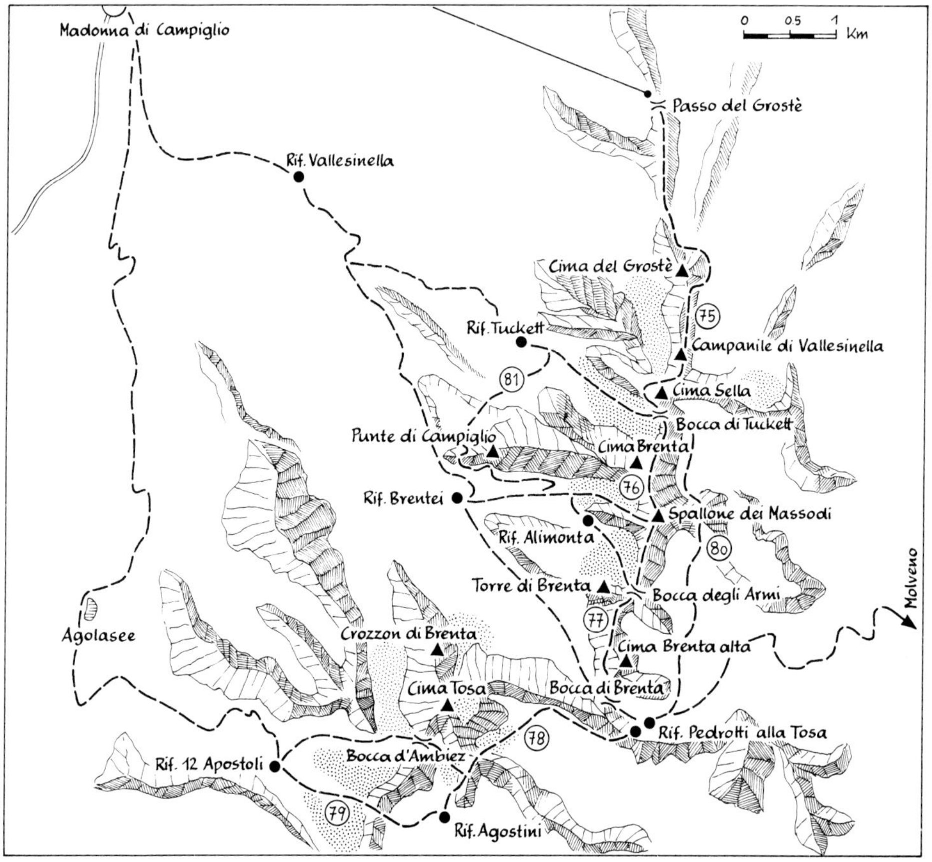

75

Sentiero Benini

Die nördlichste Brentaetappe

Der Beninisteig ist der ideale Auftakt, um erstmals Brentaluft zu schnuppern. Er bietet einen noch relativ undramatischen Vorgeschmack. Die Seilbahn trägt den Klettersteigaspiranten hinauf in den weiten Grostèpaß, 2443 m (am Paß beginnt ein weiterer gesicherter, aber etwas weniger interessanter Steig, der *Sentiero Vidi,* der durch die Hänge der Pietra Grande führt und beim Rifugio Graffer endet). Über weite Stein- und Geröllflächen nähert man sich dann dem ersten Bergstock mit der Cima del Grostè. Über Schnee, dann auf den typischen Felsbändern führt der Weg quer durch die Wände und Flanken nach Süden, bis er schließlich in der Bocca alta di Vallesinella den hier breiten Kamm erreicht. Den auffallenden Zacken der Cima Sella umgeht man auf einem Firnfeld im Westen und taucht dann steil über die Felswand (Seile und Leitern) hinab zur Bocca del Tuckett, 2656 m — und damit zum Ende des ersten Steiges. Nun kann man gleich den nächsten Übergang anschließen oder man wandert gemütlich (falls die Gletscheroberfläche nicht aus Blankeis besteht) zur Tucketthütte hinab. Bei dieser kurzen Etappe, bei der der Steig ja nur die Scharten berührt, wird der Unternehmungslustige eine Gipfelbesteigung einflechten. Es eignet sich dafür die *Cima del Grostè,* 2897 m, 1 Std. zusätzlich, über die Nordseite mit ihren kurzen Felsstufen, oder die etwas anspruchsvollere *Cima Sella,* 2920 m, ¾ Std., leichte Kletterei, jenes vor allem von Süden und Westen so ungemein kühne Felshorn.

Schwierigkeiten: Gut gesicherter Steig mit einigen steilen und ausgesetzten Stellen, Schneepassagen.

Talort: Madonna di Campiglio, 1522 m.

Ausgangspunkt: Passo del Grostè, 2443 m, Seilbahn von Madonna di Campiglio.

Weiterweg: Entweder Abstieg von der Bocca di Tuckett zum Rifugio Tuckett, 2272 m, SAT, bew., gut ½ Std., oder weiter auf Tour 76.

Gehzeit: Grostèpaß — Tuckettscharte 3 Std.

76

Sentiero delle Bocchette alte

Ein kühner Steig in wildester Felslandschaft

Dieser Teil des Bocchetteweges wurde als letzter erbaut, denn hier galt es, eine besonders wilde und zerklüftete Felslandschaft zu bändigen. Die Anlage führt an der Spalla di Brenta bis in 3020 Meter Höhe und kommt an zwei hohen Gipfeln, dem *Spallone dei Massodi,* 2998 m, und der *Cima Molveno,* 2918 m, unmittelbar vorbei. Schmale, reichlich luftige Felsbänder und fast senkrechte Aufschwünge sorgen für Spannung und für eine Fülle ständig neuer Eindrücke. Doch das eigentliche Problem des Sentiero delle Bocchette alte ist der Schnee (wenn man Glück hat!) oder häßlich graues Eis. Im Lauf des Sommers apern häufig die kleinen Gletscher aus, über die Zugänge zu den Scharten führen; sie sind jedoch nur mäßig geneigt. Schnee gibt es dann an der Nordschulter der Cima Brenta, und im weiteren Wegverlauf trifft man mehrmals auf beängstigend steile Rinnen über himmelhohen Wänden. Apropos *Cima Brenta,* 3150 m — diese stumpfe, quergebänderte Pyramide ist der zweithöchste Gipfel des Gebietes, ein lockendes Ziel für alle Erfahrenen. In einer Zusatzstunde läßt sich der Gipfel vom Garbariband aus besteigen. Geröll, einige Felsstufen mit etwas Kletterei und ein schmaler Firngrat sind die Merkmale des Gipfelanstiegs.

Nach dem sehr steilen Abstieg vom Spallone dei Massodi in die schmale, auf beiden Seiten von jähen Eisrinnen gekennzeichnete Bocchetta bassa dei Massodi zweigt nach Westen der *Sentiero Oliva Detassis* ab, eine teilweise senkrechte Feuerleiter, ein Prüfstein für Nerven und Armkraft. 110 Meter ist die Wand hoch, die diese „Götterleiter" (Scala degli Dei) überlistet. Sie endet auf dem kleinen Brenteigletscher und bietet sich als Schnellabstieg zur neu erbauten Alimontahütte an.

Schwierigkeiten: Sehr anspruchsvolle hochalpine Bergfahrt, Schnee und Eisrinnen, sehr steile Passagen, doch gut gesichert; Detassis-Variante mit überaus steilen Leitern.

Ausgangspunkt: Bocca di Tuckett, 2656 m. Dorthin entweder auf dem Beninisteig (Tour 75) oder vom Rifugio Tuckett, 2272 m (SAT, bew., direkter Aufstieg vom Rifugio Vallesinella, 1522 m, in 2 Std., Straße von Madonna nach Vallesinella), in 1 Std.

◄◄ *Brenteihütte und Crozzon di Brenta, 3135 m.*

▼ *Die Brenta alta steht nördlich über der Pedrottihütte. Das Foto zeigt ihre Ostwand, während der Zentrale Bocchetteweg die Westwand quert.*

◄◄ Auf dem Sentiero delle Bocchette alte im Bereich der Cima Brenta mit Blick auf den Val-Persa-Kamm und die Gruppe der Fibbion.

► An der Bocca degli Armi beginnt der Sentiero delle Bocchette centrale, die berühmte Querung der Bänder in der Sfulminigruppe, der älteste Teil der Brenta-Klettersteige.

Routenverlauf: Von der Bocca zur Nordschulter der Cima Brenta und durch deren Ostflanke; dann über den Spallone dei Massodi in die Bocchetta bassa dei Massodi. Hier Wegteilung. Einfacher nach Süden (Gegenanstieg) zum Sfulminigletscher, kürzer über den Detassis-Leiternweg zum Brenteigletscher und zur Alimontahütte.
Weiterweg: Abstieg zur Alimontahütte oder weiter auf Route 77.
Gehzeit für den Klettersteig 3½ bis 4½ Std.

77

Sentiero delle Bocchette centrale

Der klassische Weg über die Felsbänder

In der Sfulminikette stehen die elegantesten Felstürme der gesamten Brentagruppe, wie der Torre di Brenta, 3014 m, die Sfulmini, die beiden Campanili. Es gehört schon zu den besonderen Erlebnissen, wenn man am Campanile alto um eine Felsecke biegt und plötzlich vor und über einem die Guglia di Brenta, 2877 m, als Riesendaumen in den Himmel ragt. Offiziell heißt der berühmte Felsturm heute Campanile basso. Dieser Abschnitt des Bocchetteweges wurde als erster erbaut, man wollte den Kletterern den Zugang zu den Felsen erleichtern und schuf so einen Steig, der, die natürlichen Felsbänder nützend, etwa in Schartenhöhe die Gipfel in der Ostflanke quert. Erst in der engen, düsteren Bocchetta del Campanile basso schlüpft er auf die Westseite hinüber und quert nochmals in sehr ausgesetztem, manchmal senkrechtem Gelände die Westwand der Cima Brenta alta, 2960 m. Die Unterbrechungsstellen an den Bändern wurden mit Stegen versehen, die Zugänge und die Übergänge von einem Band zum anderen mit Drahtseilen, Stiften und Leitern in den oft sehr steilen Wänden gebändigt. Das Begehen dieses Weges entwickelte sich im Laufe der Jahre immer mehr zum Selbstzweck und wurde damit ein wenig zum Geburtshelfer für die heute so riesige Familie der Klettersteiggeher.
Schwierigkeiten: Gut gesicherter Klettersteig in teilweise besonders ausgesetztem Gelände.
Ausgangspunkt: Bocca degli Armi, 2749 m. Dorthin entweder auf Tour 76 oder Aufstieg vom Rifugio Alimonta, 2580 m (privat, bew., direkter Aufstieg vom Rifugio Vallesinella, 1522 m, in gut 3 Std., Straße von Madonna di Campiglio nach Vallesinella), in ¾ Std. Unterhalb der Alimontahütte liegt das Rifugio Brentei, 2192 m, CAI, bew.
Stützpunkt am Ende der Etappe: Unmittelbar hinter der Bocca di Brenta liegt das große Rifugio Pedrotti alla Tosa, 2491 m, SAT, bew.
Gehzeit für den Klettersteig: 2½ bis 3 Std.

78

Sentiero Brentari

Im Reich der Cima Tosa

Ein Hüttenübergang mit einigen Kletteranlagen und zwei kurzen Gletscherbegehungen — so könnte man den Brentaristeig charakterisieren. Die Route quert gemeinsam mit dem Normalanstieg zur Cima Tosa, 3173 m (Hauptgipfel der Brenta, einige Kletterstellen bis Schwierigkeitsgrad II, 2 Std. ab Wegverzweigung), einen weiten Kessel, führt dann zur Sella della Tosa hinauf und weiter zur scharf herausgeschnittenen Lücke Bocca della Tosa neben dem kühnen Zacken Punta d'Ideale, 2946 m. Drüben geht es dann 80 Meter an Leitern und fixen Seilen hinab auf das Ambiezgletscherchen, das von der mauerglatten Ostwand der Cima d'Ambiez, 3102 m, gewaltig überragt wird.
Schwierigkeiten: Felsgelände nur kurz, doch einige steile Passagen, Schnee, evtl. Eis.
Ausgangspunkt: Rifugio Pedrotti, 2491 m (SAT, bew., direkter Aufstieg von Molveno über Pradel, Lift, in 3½ Std. und vom Rifugio Vallesinella in 4 Std. möglich).
Stützpunkt am Ende der Etappe: Rifugio Agostini, 2410 m, SAT, bew.
Gehzeit: Von Hütte zu Hütte 2½ bis 3 Std.

79

Sentiero Castiglioni

Senkrechte Felswand in der südlichsten Brentagruppe

Die Täler von Ambiez und Nardis werden von einem unauffälligen Felskamm getrennt, bei dem von Westen Firn und Schrofen teilweise bis zum Grat reichen, während nach Osten zwar keine hohe,

◄◄ *Die wild zerrissene, von Türmen gekrönte Sfulminigruppe bildet das Herz der Brenta. Ihre Durchquerung ist der eindrucksvollste Teil des Bocchetteweges.*

◄ *Blick von der Bocca di Tuckett nach Osten auf die Cima della Val Persa. Von rechts unten kommt der Orsiweg zur Bocca.*

dafür aber eine um so steilere Wand abstürzt. So zeigt der Castiglionisteig, der Übergang von der Agostini- zur Zwölf-Apostel-Hütte, zwei sehr unterschiedliche Hälften. Der Aufstieg erfolgt über die hier 150 Meter hohe Wand auf einer ganzen Reihe von reichlich luftigen Leitern — das ist eine richtige Turnübung für Schwindelfreie und Geschickte —, während der Abstieg von der scharf eingeschnittenen Bocchetta dei Due Denti, 2850 m, nach einer kurzen Stufe über Firn oder über Schrofen und Geröll erfolgt.

Schwierigkeiten: Sehr steile Wand mit guten Sicherungen.

Ausgangspunkt: Rifugio Agostini, 2410 m, SAT, bew. (siehe Tour 78).

Stützpunkt am Ende der Etappe: Rifugio Dodici Apostoli (Rifugio Garbari), 2488 m, SAT, bew.

Gehzeit: Von Hütte zu Hütte 2½ Std.

80/81

Vorschläge für den Rückweg

Wer den fünf Klettersteigen vom Grostèpaß ganz im Norden bis zur Zwölf-Apostel-Hütte südwestlich der Cima Tosa gefolgt ist, kann am Agolasee vorbei in einer langen Talwanderung nach Madonna di Campiglio zurückkehren. Der Genießer jedoch wird noch einmal in der anderen Richtung durch das Herz der Brenta wandern, die schönsten Teile noch einmal bewundern, in der Erinnerung schwelgen. Vom Anfang abgesehen erfolgt diese Rückwanderung auf weniger anspruchsvollen Steigen. Sie verläuft gleichsam eine Etage tiefer und harmloser.

Die erste Etappe trägt den klangvollen Namen *Sentiero d'Ideale.* Doch Vorsicht! Gerade diese so schneereiche Wanderung hat — bei schlechten Verhältnissen — ihre Tücken. Von beiden Seiten zieht der Firn recht steil in die Bocca d'Ambiez, 2870 m, empor. Auf der anderen Seite trifft man dann auf dem Vedretta d'Ambiez wieder auf den Brentariweg, dem man bis zur Pedrottihütte folgt. Hier beginnt der *Sentiero Orsi,* eine ostseitige Querung der Kare von Massodi und Persa, gewürzt mit ein paar Felsecken und Bändern, aber beileibe kein Klettersteig, eher eine Schau- und Aussichtsroute. Aus der Busa d'Armi zeigt sich die Guglia di Brenta (Campanile basso) von ihrer Super-Seite, und die Felskanzel, 2510 m, unter dem Naso dei Massodi, 2625 m, ist ein richtiger Lug-ins-(Brenta-)Land. Über Bänder und quer durch weite Kare unter der Cima Brenta kommt man dann in die Val Persa und steigt von dort in die Bocca di Tuckett, 2656 m, auf. Dann ist es auch nicht mehr weit zur gleichnamigen Hütte.

Als Ausklang könnte man noch den *Sentiero SOSAT* begehen. Er umrundet die Punte di Campiglio auf Bändern und breiten Terrassen, durchquert dabei ein Riesenblockfeld, überlistet an sehr steilen Leitern eine wild eingefressene Schlucht (einzige anspruchsvollere Stelle), schenkt einen herrlichen Blick auf den Crozzon di Brenta mit seiner berühmten Nordkante von 900 Metern Höhe und endet dann kurz oberhalb der

Der Mori-Klettersteig am Monte Albano im Trentinischen gehört zu den besonders ‚luftigen' Anlagen.

Brenteihütte. Von dort kehrt man über das Rifugio Vallesinella nach Madonna di Campiglio zurück.

Schwierigkeiten: Sentiero d'Ideale anspruchsvoll, recht steiler Schnee; dann einfach bis zur Tucketthütte; am Sentiero SOSAT eine steile, ausgesetzte Schluchtquerung.

Ausgangspunkt: Rifugio Dodici Apostoli, 2488 m (SAT, bew.; direkter Anstieg vom Lago d'Agola in 3 Std., zum See mit Kfz).

Die Route mit Gehzeiten: Rifugio Dodici Apostoli — Sentiero d'Ideale Brentari zur Pedrottihütte 4½ Std.; Sentiero Orsi zur Bocca di Tuckett und zur Tucketthütte 4 Std.; Sentiero SOSAT zur Brenteihütte, 2½ Std., Abstieg von dort nach Madonna di Campiglio 2¼ Std.

82

Margreider Klettersteig

Bei Salurn, 226 m, steigen aus dem von Wein- und Obstgärten bedeckten Etschtal die Hänge in 800 Meter hohen, teilweise aus mächtigen, hellen Kalkwänden gebildeten Steilhängen zu einer weiten Terrasse empor. Auf ihr liegt das zweiteilige Dörfchen Fennberg. Oberhalb gibt es einen weiteren 800 Meter hohen Aufschwung, der zum Corno di Tres, 1812 m, hinaufzieht, einem Gipfel im südlichen Mendelkamm. Über die untere Stufe führt ein Klettersteig von mäßiger Schwierigkeit. Er beginnt an der Straße Margreid — Salurn, und zwar vier Kilometer südlich von Margreid (Autobahnausfahrt Auer), und mündet vor Fennberg auf die Terrasse. Für diesen Aufstieg braucht man 2½ Std.; man steigt am besten auf der gleichen Route auch ab.

83

Ferrata Burrone

Diese eher harmlose Steiganlage erschließt eine ganz besondere Landschaft, eine Steilschlucht mit rauschendem Bach und Wasserfällen — ein eindrucksvolles Erlebnis! Der Ausgangspunkt liegt westlich von Mezzocorona, 239 m (Autobahnausfahrt Mezzocorona). Lockend ist ein Rundweg über das Dörfchen Monte mit schönem Ausblick. Gesamtzeit etwa 3½ Std.

84

Degasperisteig

Il Palon, 2091 m, gehört zu den beliebtesten Ausflugszielen unmittelbar über der Stadt Trient, 192 m; dort oben tummeln sich — je nach Jahreszeit — Skifahrer, Bergspaziergänger, Aussichtshungrige (schöner Blick auf Brenta, Adamello usw.) und auch Klettersteigfreunde. Durch die Ostflanke führt eine teilweise recht steile, ausgesetzte und oft nur mit Drahtseilen gesicherte Anlage. Vorsicht, streckenweise steiles Gras! Man kann den Einstieg durch eine lange Querung von Monte Bondone, 1430 m, an der Straße von Trient aus erreichen, dann etwa 4 Std. Oder man steigt vom Gipfel (Lift) über den Klettersteig und durch das folgende, scharf eingeschnittene Tal nach Ravina, 250 m, ab.

85

Via attrezzata Rino Pisetta

In der extrem steilen, etwa 400 Meter hohen Südostwand der kleinen, aber kecken Cima Garzolet, 967 m, hat man sich einen besonderen „Gag“ einfallen lassen. In der stark bewachsenen Wand wurde eine Route etwa in dem Schwierigkeitsgrad V mit einem fixen Seil versehen — fertig war die Via attrezzata. Vorsicht, das ist einer der anspruchsvollsten Klettersteige, nur für Steilfelsakrobaten geeignet! Als Talort dient Sarche, 249 m, 19 Kilometer von Trient an der Straße Richtung Riva am Gardasee; Aufstiegszeit 2½ bis 3 Std.; schöner Blick auf den Tobliner See.

86

Mori-Klettersteig

Am Monte Albano bei Mori findet man ein Gegenstück zum Pisettasteig, hier ist nur die Wand niedriger und die Route führt nicht so ideal empor, doch man hat mit den gleichen Schwierigkeiten zu rechnen. Ausgangsort ist Mori, 204 m, 6 km südwestlich von Rovereto im südlichsten Etschtal. Aufstiegszeit 2 Std.

87

Via dell'Amicizia an der Rocchetta, 1521 m

Wirklich großartige Tiefblicke auf den Gardasee, eine südländisch üppige Flora und im Mittelteil des Aufstiegs eine teilweise senkrechte Wand, die man mittels eines Kraftaktes auf „Endlos“leitern überwindet — das sind die Merkmale dieser recht bekannt gewordenen Klettersteigtour. Man startet in Riva, 78 m, am Gardasee, erreicht über das Rifugio Sta. Barbara, 566 m, den Klettersteig, der auf der Cima SAT, 1260 m, endet. Von dort führt ein Abstecher auf den Gipfel der Rocchetta. Insgesamt 4 bis 5 Std. Im gleichen Bergmassiv steht auch die *Cima Capi,* 927 m, die sich ebenfalls auf gesichertem Steig (Via ferrata Fausto Susatti) erreichen läßt.

87a

Via Gerardo Sega

Auch in der bei Avio ins Etschtal mündenden Valle dei Molini gibt es einen Klettersteig durch eine stellenweise üppig bewachsene Wand — also nicht unbedingt eine Route für Regenwetter. Ein Kriechband, steile Wandstufen, gewaltige Felsdächer geben der Tour, die auf die Hochfläche von Cola mündet, die Würze. Gesamtzeit 5 bis 6 Std.

VIII. Westliche Dolomiten

25 Steige und 25 Gipfel

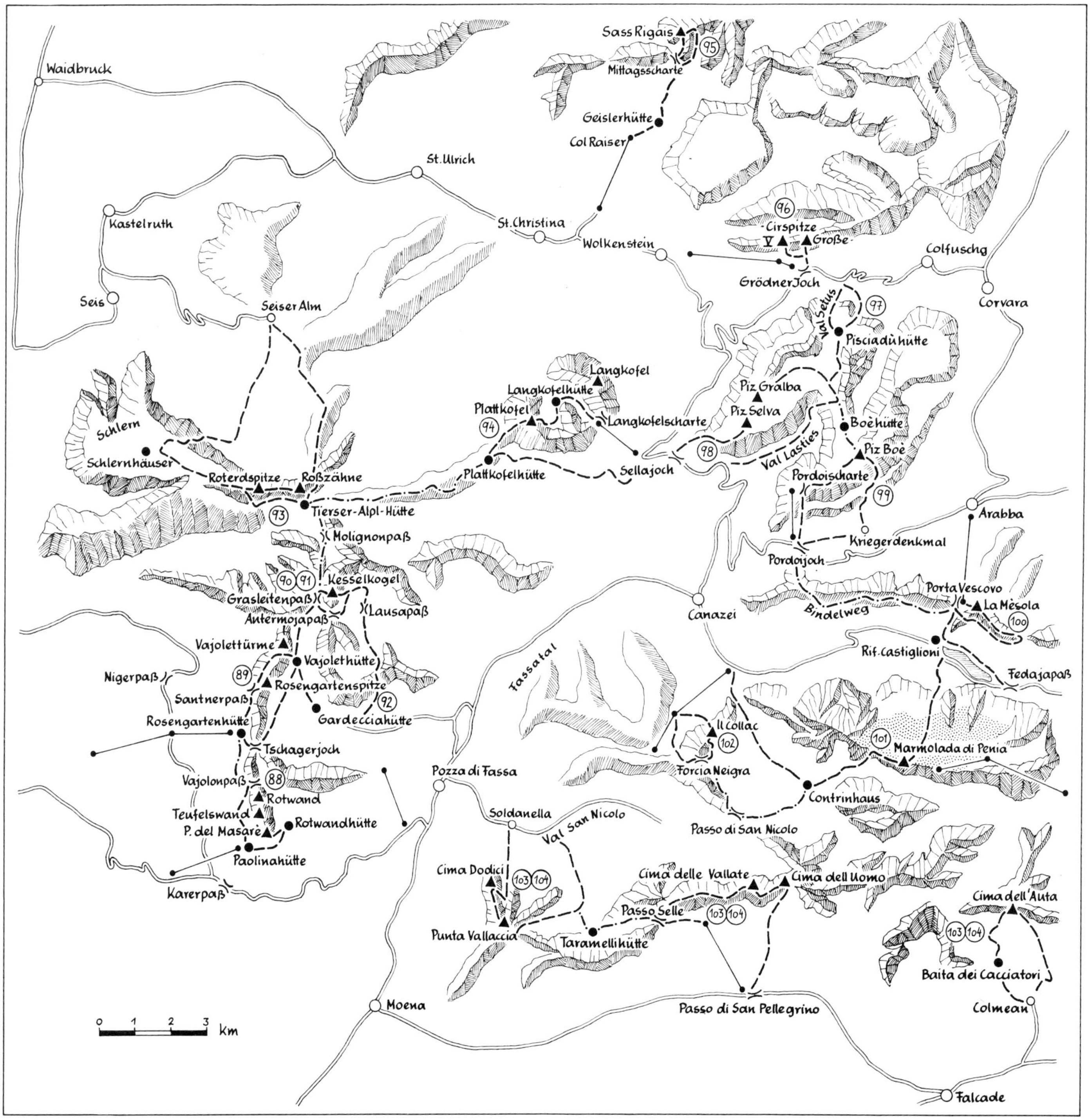

►► Vajolettürme, Laurinswand und Rosengartenspitze – das Idealbild einer Dolomiten-Herbstlandschaft. Ganz rechts die schrofigen Felsen, durch die der Steig zum Santnerpaß führt.

Den Bergsteigern braucht man die Dolomiten nicht vorzustellen. Wer wüßte nicht, wie die berühmtesten aller Kletterberge ausschauen! Für die Begeher von Klettersteigen, die hier „vie ferrate" genannt werden, also Eisenwege, ist es das Dorado schlechthin. Inzwischen gibt es eine schier unüberschaubare Fülle von Anlagen, und es werden laufend noch mehr. Hier kann sich wahrlich jeder das herauspicken, was ihm persönlich am meisten Spaß macht, Einfaches oder Anspruchsvolles, kurze Touren oder weite und anstrengende, Steige auf große Gipfel oder durch Wände und Flanken . . . Das Angebot ist so reichhaltig, daß wir in diesem Buch einiges unberücksichtigt lassen, es sollen ja alle Gebiete der Ostalpen gleichermaßen behandelt werden, und mit den Dolomiten könnte man leicht ein eigenes Buch füllen.

Und noch eine Entwicklung fällt auf: Fand man bisher die Eisenwege vor allem in den bekannten Berggebieten, etwa in der zentralen Rosengartengruppe, so werden jetzt immer mehr auch die bisher wirklich einsamen Regionen erschlossen. Ein typisches Beispiel dafür ist der südlichste Kamm der Marmolatagruppe mit Cima dell'Auta und Cima dell'Uomo. Fortschritt — oder eine unerfreuliche Übererschließung?

Fast überall trifft man hier auf die typische waagrechte Gesteinsschichtung, und das hat zu den so stark gegliederten Felslandschaften geführt. Ganz charakteristisch sind die tief eingefressenen Schluchten, die den einzelnen Bergkörper so ungemein kompliziert machen und für eine Fülle von Nebengipfeln, Türmen und Zacken sorgen. Aber gerade dieses Gelände gibt den Klettersteigen den ganz eigenen Reiz; hinter jeder Ecke wartet eine neue Überraschung, es geht praktisch nie geradeaus, viele Wege beschreiben die verwirrendsten Schlangenlinien. Und auch beim Schauen kann man nie satt werden, unerschöpflich ist der Formenreichtum vom Grandiosen bis hin zum Grotesk-Bizarren.

Aber leider kann man auch von den Dolomiten nicht nur schwärmen, es gibt ein paar weniger erfreuliche Dinge. Ende Juli und in den ersten drei Augustwochen herrscht in manchem Bereich, zum Beispiel im Vajolettal, ein schon jahrmarktähnlicher Trubel, manche Hütte ist arg überfüllt, an schmalen Klettersteigstellen gehört dann das Anstehen zum Üblichen, und die Steinschlaggefahr wächst durch die vielen Menschen. Und leider gehören auch die Quellwolken und die Gewitter zum typischen Bild in dieser Jahreszeit. Aus dem Gesagten läßt sich nur ein Schluß ziehen: Wer es sich leisten kann, meidet den Hochsommer und kommt im Frühherbst oder im Frühsommer hierher. Im Juli oder gar im Juni muß man natürlich mit mehr Schnee rechnen, der sich in diesen so tief eingeschnittenen und damit sehr sonnengeschützten Rinnen ohnedies lange hält. Deshalb sind hier bei vielen Touren gute Bergstiefel mit fester Sohle und oft ein Eispickel sehr wesentliche Hilfen. Wer über die momentanen Verhältnisse nicht Bescheid weiß, sollte sich unbedingt in Hütten, bei Bergführern, in Verkehrsbüros und dergleichen erkundigen.

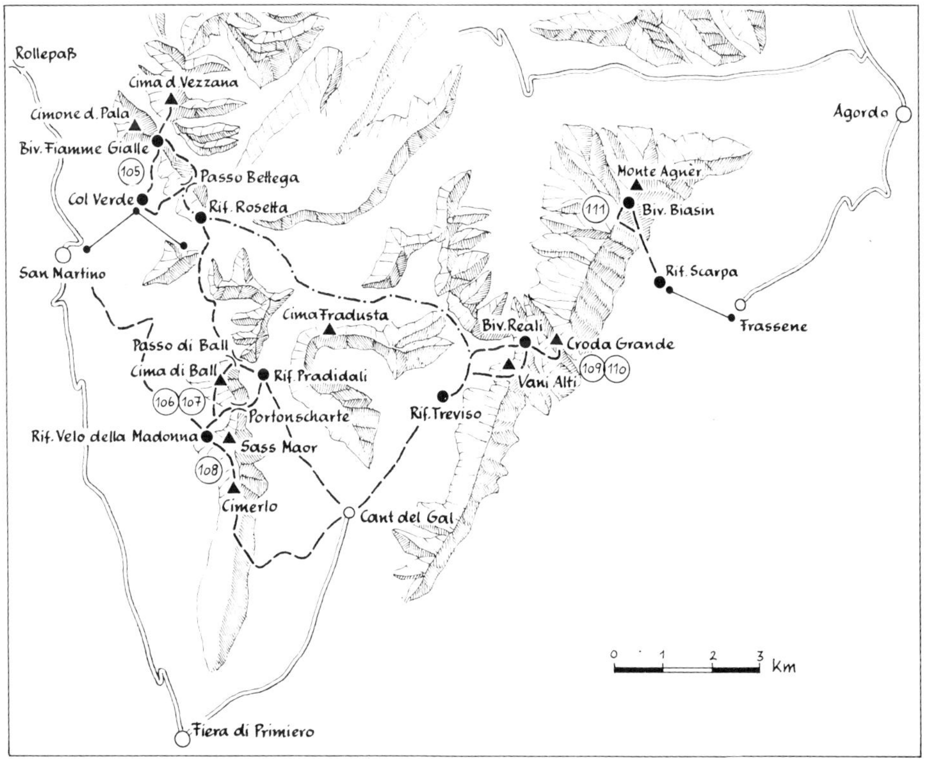

Die senkrecht stehenden Schichttafeln am Fensterlturm sind ein besonderer Blickfang bei der Begehung des neuen Klettersteigs an der Rotwand über dem Karerpaß.

88

Rotwand, 2806 m

Überschreitung und Via ferrata Masarè

Man baut und baut und baut . . . Neuestes Objekt: der Rotwandkamm in der allersüdlichsten Rosengartengruppe. Wer je über den Karerpaß gefahren ist, hat bestimmt die vollkommen glatte, rotbraune Felsmauer bewundert, mit der die Rotwand nach Westen abstürzt. Das ist so recht ein Tummelfeld für die extremen Kletterer. Der südlich anschließende Kamm hingegen, der die Teufelswand und den Masarègrat trägt, zeigt wieder bizarr gezacktes Dolomitenland. Dieses Gelände durchquert der neue Steig, er erklimmt die Punta del Masarè, 2564 m, umgeht die Teufelswand im Osten, führt zum Gipfel der Rotwand und über ihren Nordgrat, der jetzt auch mit Drahtseilen gesichert ist, wieder abwärts bis in den Vajolonpaß. Doch halt! So ist die Beschreibung ungeschickt; man sollte die Tour unbedingt in der anderen Richtung begehen. Dann hat man ständig ein grandioses Panorama vor sich und das Fassatal, den Karerpaß etc. unmittelbar zu Füßen.
Schwierigkeiten: Problemlose, gut gesicherte Anlage, schnell erreichbar, für einen Klettersteigtest gut geeignet.
Talort: Karersee, 1609 m.
Ausgangspunkt: Paolinahütte, 2127 m, privat, bew., Auffahrt mit Sessellift.
Zugang: Auf gutem Weg erst Richtung Rosengartenhütte, dann im Zickzack in den Vajolonpaß hinauf.
Rückweg: Von der Punta del Masarè zur Rotwandhütte (Rifugio Roda di Vaèl, 2280 m, CAI, bew.) und südlich rund um das Massiv zurück zur Paolinahütte.
Gehzeiten: Paolinahütte — Rotwand 2¼ Std., Übergang zur Punta del Masarè 1¼ Std., Rückweg 1 Std.

89

Santnerpaß, 2741 m

Rundweg durch König Laurins Rosengarten

Unsere zweite Dolomitenroute führt gleich mitten hinein in eines der berühmtesten Felsreviere. Schon beim Zugang hat man die steilsten Wände, Türme und Zacken über sich. Dann steckt man selbst mittendrin, muß über eine knapp 400 Meter hohe Felsbarriere klettern. Gute Sicherungen helfen, und doch hat schon manchen in der schneegefüllten Steilrinne die Angst gepackt. Ein ernstes Hindernis stellt — zumindest im Hochsommer — der „Gegenverkehr“ dar. Am Santnerpaß erreicht man dann das Hochkar Gartl und steht nun urplötzlich den Vajolettürmen, den wohl elegantesten Felszacken der gesamten Dolomiten, sozusagen Auge in Auge gegenüber. Man wandert direkt unter ihnen hindurch, bekommt fast einen steifen Hals vom Hinaufstarren, wenn man die Kletterer in den steilen Wänden beobachtet. Dann kraxelt man über die Schrofen hinab zur Vajolethütte, 2243 m, CAI, bew. Dort herrscht manchmal ein Trubel wie auf einem südländischen Jahrmarkt. Beim Weiterweg unter der Rosengartenspitze nach Süden wird es bald wieder ruhiger, und nach der Überquerung des Tschagerjochs, 2630 m, schließt sich die heutige Runde. Außerdem: Der für diese Steinwüste wirklich unpassende Name Rosengarten hat seine Wurzel in der Laurinssage. Das Gartl (= kleiner Garten) war einst eine herrliche Parkanlage — die Zauberkräfte des Zwergenkönigs Laurin machten es möglich . . .
Schwierigkeiten: Gut gesicherter Steig geringer bis mittlerer Schwierigkeit, stark frequentiert.
Talort: Karersee, 1609 m.
Ausgangspunkt: Rosengartenhütte (Rifugio Fronza, 2337 m, CAI, bew.), Auffahrt mit Tonnenlift von der Nigerpaßstraße.
Gehzeiten: Hütte — Santnerpaß 1½ Std., Abstieg zur Vajolethütte 1¼ Std., Übergang über das Tschagerjoch 2¼ Std.

90/91

Kesselkogel, 3004 m

Überschreitung des Rosengarten-Hauptgipfels

Der Kesselkogel thront als dicker Felsklotz genau in der Mitte der Rosengartengruppe. Er zeigt nicht die Eleganz der anderen Gipfel, dafür ist er der einzige Dreitausender des Gebietes und bietet einen entsprechend freien Fernblick. Beide Kesselkogelrouten kann man nicht zu den Klettersteigen rechnen. Das sind interessante Aufstiegswege durch immerhin 400 Meter hohe Felsflanken, an den schwierigen Stellen helfen einem Sicherungen. Der sehr beliebte Normalweg,

◄◄ *Brüchige Felsen, eine schneegefüllte Schlucht sind die Schwierigkeiten des Santnerpaß-Steiges. Er gehört zu den besonders beliebten Touren, und so muß man manchmal an den Engstellen regelrecht anstehen.*

der direkt am Grasleitenpaß beginnt, bietet eine besondere Überraschung. Man quert leicht abwärts um eine Felsecke und urplötzlich steht man über einer völlig senkrechten Wand — da hat sich schon mancher ängstlich ans Drahtseil geklammert. Doch alles andere gibt sich relativ einfach, oft zieht ein richtiges Steiglein durch das Schutt- und Schrofengelände. Auffallend sind zudem — bei beiden Anstiegen — die großen Felsbänder.

Schwierigkeiten: Insgesamt unschwierige Kletterei, nur teilweise gesichert, einige ausgesetzte Stellen.

Talort: Pozza di Fassa, 1320 m.

Ausgangspunkt: Vajolethütte, 2243 m, CAI, bew.; von Pozza di Fassa mit Pkw durch das Vajolettal nach Gardeccia, 1949 m, dann in 1 Std. zu Fuß zur Hütte.

Rückweg nach Gardeccia: Vom Ostfuß des Kesselkogels entweder über den Antermojapaß zurück zum Grasleitenpaß oder — abwechslungsreicher — über den Lausapaß und den Scalettesteig (siehe Tour 92).

Gehzeiten: Vajolethütte — Gipfel 2½ Std., Ostabstieg 1 Std., Rückweg über Antermojapaß bis zur Hütte 1¾ Std.

92

Scalettepaß, 2348 m

Klettersteig zur Lausa-Hochfläche

Als Zugang oder — besser — als Abstieg vom Kesselkogel sei dieser so anders geartete Steig wenigstens kurz erwähnt. Er führt zwar oberhalb von Gardeccia durch eine 300 Meter hohe Felsflanke, die von durchaus dolomitischen Zacken überragt wird, den Dirupi di Larsec, 2778 m, doch dann mündet er auf eine Schutt- und Karsthochfläche, eine eigenartig graue Mondlandschaft, die man in der Rosengartengruppe am allerwenigsten erwarten würde. Der kleine Steig überquert den Lausapaß, 2720 m, und leitet dann ins Antermojatal zum Ostfuß des Kesselkogels hinab.

Schwierigkeiten: Unschwieriger Klettersteig, Hochfläche nicht bei Nebel begehen, Gefahr des Verirrens.

Talort: Pozza di Fassa, 1320 m.

Ausgangspunkt: Gardeccia, 1949 m, dorthin von Pozza mit Pkw.

Die Tour: Am interessantesten als Rundweg mit Einbeziehung des Antermojapasses oder des Kesselkogels (siehe Tour 91).

Gehzeiten: Gardeccia — Lausapaß 2½ Std., Weiterweg zum Kesselkogel 1¾ Std.

93

Roßzähne, 2653 m, Roterdspitze, 2655 m

Zackenkrone über der Seiser Alm

Die Dolomiten sind das Gebirge der Kontraste. Die sieben Kilometer breite, gewellte, von Wiesen überzogene Hochfläche der Seiser Alm bildet einen besonders gegensätzlichen Vordergrund zu den wilden und gewaltigen Felsbergen wie dem Langkofel. Und bei der heutigen Tour folgt der Wanderung durch üppige Blumenwiesen ein Turnen und Balancieren über zerborstene Felsgrate aus rostrotem, brüchigem Gestein. Nicht durch Zufall heißen die Gipfel, die die Seiser Alm nach Süden als langgestreckte Zackenkrone abschließen, Roßzähne und Roterdspitze. Der Wirt der Tierser-Alpl-Hütte wollte wohl vermehrt die Gäste anlocken und hat deshalb seine eigene „Ferrata" über diesen Grat erbaut. Das ist ein kurzweiliger, sehr aussichtsreicher Weg, der nichts von jener Dramatik zeigt, wie sie den Superklettersteigen in den großen Wänden eigen ist.

Schwierigkeiten: Großer Roßzahn von Süden relativ einfach, der Übergang zur Roterdspitze auf teilweise schmalem Grat erfordert Trittsicherheit.

Talort: Seiser Alm, 1840 m, Zufahrt auf guter Straße von Seis oder Kastelruth.

Ausgangspunkt: Tierser-Alpl-Hütte, 2440 m, privat, bew., Zugang von der Seiser Alm über die Roßzahnscharte (Weg Nr. 2), 2½ bis 3 Std.

Abstieg von der Roterdspitze: Entweder in einem nach Westen und Süden ausholenden Bogen zurück zur Hütte oder hinüber zur Schlern-Hochfläche und von dort wieder zur Seiser Alm.

Gehzeiten: Hütte — Roßzahn ¾ Std., Übergang 1¼ Std., Rückwege mindestens 3 Std. bis zur Seiser Alm.

94

Plattkofel, 2964 m

Eine Rundtour in der Langkofelgruppe

Der Oskar-Schuster-Steig gehört zu den Klassikern, ja, fast zu den Veteranen un-

ter den gesicherten Wegen. Hier wurde eine logische Route durch eine 400 Meter hohe Felsflanke aufgespürt und gut markiert, nur an den Steilstellen hat man Drahtseile angebracht. Für die Hauptschwierigkeit sorgt die Natur, am Fuß der Wand und in den Rinnen hält sich lange der Schnee, während die Hauptgefahr, den Steinschlag, unsere Mitkonkurrenten auslösen. Die Tour gliedert sich in vier Abschnitte. Am eindrucksvollsten ist gleich der erste Teil, der Gang durch Langkofel- und Plattkofelkar, diese düsteren Bergwinkel, die von äußerst zerklüfteten Riesenflanken, von Türmen und Zacken auf drei Seiten eingeschlossen werden. Den zweiten Abschnitt bildet die ostseitige Schrofenflanke des Plattkofels mit ihren Rinnen und Schluchten, den Rippen und Felskulissen. Große Überraschung: Der Gipfelgrat ist auf einer Länge von einem dreiviertel Kilometer fast waagrecht. Man erreicht ihn beim kreuzgeschmückten Mittelgipfel, 2958 m; der höchste Punkt jedoch liegt weit entfernt im Südosten. Der dritte Teil ist dann der etwas steinig-rutschige Abstieg über die 500 Meter hohe Riesentafel der Westseite, eine eigenartige, schräge Fläche (Name!). Den Ausklang bildet die beschauliche Wanderung auf dem Friedrich-August-Weg zurück zum Sellajoch. Man bummelt hoch über dem Fassatal unter den glatten Südwänden von Zahnkofel, Grohmannspitze usw. vorbei und genießt einen herrlichen Ausblick nach Osten, Süden und zurück nach Westen.
Schwierigkeiten: Steiles Schrofengelände, nur teilweise gesichert, Trittsicherheit unbedingt notwendig, evtl. harter Schnee, Steinschlaggefahr.
Talort: St. Ulrich, 1236 m, im Grödner Tal oder Canazei, 1465 m, im Fassatal.
Ausgangspunkt: Sellajoch, 2214 m.
Zugang: Mit dem Lift in die Langkofelscharte, Abstieg (Schnee) durchs Langkofelkar zur Langkofelhütte, 2252 m, CAI, bew., und Wiederanstieg ins Plattkofelkar.
Abstieg: Über die Westseite auf Pfad steil ins Fassajoch und zur kleinen Plattkofelhütte, 2280 m, privat, bew., südlich unter den Wänden vorbei zurück zum Sellajoch.
Gehzeiten: Zugang 1½ Std., gesicherter Weg 1¼ Std., Abstieg 2½ Std.

Langkofel- und Rosengartengruppe

Kreuz und quer durch zwei der schönsten Dolomitenmassive

Bei dem engmaschigen Netz an Wegen, Steigen und Stützpunkten in der Rosengarten- und der Langkofelgruppe kann dieser Vorschlag nur eine Möglichkeit unter vielen sein. Doch werden so alle Klettersteige mit einbezogen, und es stehen nicht weniger als sechs Gipfel auf dem Programm. Langweilen wird sich hier, im Reich dieser formschönen Felsberge, also bestimmt keiner. Es gibt eine ganze Fülle berühmtester Kletterziele zu bewundern wie den Langkofel, die Fünffingerspitze, die Vajolettürme, die Rosengartenspitze, die Laurinswand... Einen besonderen Akzent bekommt die Tour durch die Kleinräumigkeit des Geländes, schon nach kurzen Wegstücken werden wieder neue, überraschende Bilder geboten — wie etwa bei dem Weg vom Tierser Alpl ins Vajolettal mit den drei so grundverschiedenen Karböden.
1. Tag: *Sellajoch — Langkofelkar — Plattkofel — Tierser-Alpl-Hütte.* Diese Route entspricht der Tour 93. Von der Plattkofelhütte dann auf Weg Nr. 4 über den aussichtsreichen Graskamm nach Westen zur Tierser-Alpl-Hütte, 2440 m, privat, bew. Gesamtzeit 6 Std.
2. Tag: *Roterdspitze — Grasleitenpaß — Vajolethütte.* Als morgendliche Vorspeise überschreitet man die Roßzähne zur Roterdspitze und kehrt zur Hütte zurück (siehe Tour 92), etwa 3 Std. Dann steigt man nach Süden zum nahen Molignonpaß, 2601 m, einer Doppelscharte, hinauf, durchquert das von gewaltigen Schuttströmen gefüllte und von steilen Felsbergen eingerahmte obere Grasleitental — ein eindrucksvoller, urtümlicher Bergwinkel! — zum Grasleitenpaß, ebenfalls 2601 m, Hütte, und wandert schließlich hinab zur Vajolethütte, 2243 m, CAI, bew., 2¼ Std.
3. Tag: *Santnerpaß — Rosengartenhütte — Rotwand — Vajolethütte.* Der Tag beginnt mit dem Aufstieg durchs Gartl und an den Vajolettürmen vorbei zum Santnerpaß, von dem man dann auf dem Klettersteig die Rosengartenhütte erreicht (siehe Tour 89). Dann geht es über den Vajolonpaß zur Rotwand hinauf und über die neue Ferrata weiter zur Punta del Masarè (siehe Tour 87). Schließlich muß man noch vom Rifugio Roda di Vaèl aus den Cigoladepaß, 2561 m, überschreiten. Gesamtzeit etwa 8 Std.
4. Tag: *Kesselkogel — Lausapaß — Gardeccia.* Alles Wesentliche über diesen Tag steht bei den Touren 89 bis 91. Mindestens 6 Std.

Eine 50 Meter tiefe Felskluft überspannt dieses feste Brückchen, mit dem der anspruchsvolle Pisciadù-Klettersteig endet. Es folgen nur noch Geröll und Schrofen bis zur gleichnamigen Hütte.

95

Sass Rigais, 3025 m

Ost-West-Überschreitung

Im ersten großen Felsmassiv der nordwestlichen Dolomiten, der Geislergruppe, dominieren zwei gleichhohe Gipfel, ein auffallendes Horn und eine abgerundete Felsscheibe, die beide mit hohen, sehr wilden Wänden nach Norden abstürzen. Das sind Furchetta und Sass Rigais. Keine Via ferrata, wohl aber ein gesicherter Steig führt auf die letztere empor, und ein wesentlich einfacheres Wegerl (einige Sicherungen) leitet über die Südflanke wieder hinab. Das Ganze ergibt eine Rundtour mit echt dolomitischen Akzenten. Nach dem kurzen und unkomplizierten Zugang vom Lift stapft man zwischen den hohen Felsen durch das schmale, schuttgefüllte Wasserrinnental empor, schaut von der abschließenden Scharte kurz nach Norden in eine düstere Schlucht hinab und turnt dann über ein mit Drahtseilen gesichertes Wandl, über Felsbänder und Schrofen zum Gipfelgrat mit seinem unbegrenzt weiten Blick empor. Das ist keine große, dramatische Tour, mehr ein mittleres Unternehmen, kurzweilig und voller Überraschungen und auf der Südseite — leider — recht überlaufen. Die Tour eignet sich zudem für all jene, die mit den Eigenheiten der ja oft recht steilen Dolomitensteige vertraut werden wollen.

Schwierigkeiten: Ostseite gesicherter Steig mit einer etwas steileren Stelle, Südseite Schrofengelände mit Sicherungen.
Talort: St. Cristina, 1427 m, im Grödner Tal.
Ausgangspunkt: Geislerhütte, 2039 m, CAI, bew., Auffahrt mit Tonnenlift zum Col Raiser, von dort in 10 Min. zur Hütte hinab.
Zugang: Von der Hütte Richtung Mittagsscharte zum Fuß des Sass Rigais und nach rechts ins Wasserrinnental.
Abstieg: Auf dem gesicherten Steig der Südseite zurück zur Hütte.
Gehzeit: Geislerhütte — Gipfel 3 Std.

96

Cirspitzen, 2592 m und 2535 m

Zwei Spritztouren über dem Grödner Joch

Wer seine Eignung für das Felsgelände einmal ausprobieren möchte, sollte zum Grödner Joch hinauffahren. Den nördlichen Horizont über dem Paß füllt ein richtiger Hahnenkamm, aufgebaut aus mehr als einem Dutzend durch tiefe Kerben voneinander getrennter Felszacken; das sind die Cirspitzen. Dieses Minigebirge zeigt alle dolomitischen Felsformen in Kleinausgabe. Einzig die Große Cirspitze wächst etwas wuchtiger empor, sie tut jedoch gewaltiger, als es ihr zukommt. Der ganze Felsaufbau ist keine 300 Meter hoch, und beim gesicherten Steig, der dort hinaufführt, bleiben nur hundert Felsmeter übrig, denn unten geht es durch eine Schuttschlucht, während der Gipfelhang aus Grasschrofen besteht. Für den Erfahrenen ist das nur ein besserer Felsspaziergang, der jedoch unbedingt Trittsicherheit in dem teilweise etwas ausgesetzten Gelände erfordert. Die Cirspitze Nr. V hingegen, sieben Zacken weiter drüben im Westen, bietet eine richtige Klein-Ferrata mit allem Drum und Dran, Drahtseilen, einer Leiter . . . Außerdem: Die beiden Kurztouren lassen sich natürlich zu einem etwas größeren Unternehmen zusammenhängen.

Schwierigkeiten: Große Cirspitze mit einfachem, gesichertem Steig, Cirspitze V kurz, jedoch richtige Ferrata.
Talort: St. Ulrich, 1236 m, im Grödner Tal oder Colfuschg, 1645 m, im Gadertal.
Ausgangspunkt: Grödner Joch, 2121 m, gute Serpentinenstraßen aus beiden Tälern.
Zugang: Zur Großen Cirspitze direkt nach Norden zu den Felsen, zur Cirspitze V nach Nordwesten zur Liftstation Danterceppies.
Abstieg wie Aufstieg.
Gehzeiten: Grödner Joch — Große Cirspitze 1½ Std., Übergang zur Cirspitze V 1½ Std.

97

Pisciadù-Klettersteig

Glatte Wand hoch über Colfuschg

Der Pisciadù-Klettersteig (Via ferrata Brigata Tridentina), der über den untersten, etwa 400 Meter hohen und sehr steilen Randabsturz der Sella führt, verkörpert eine bestimmte Art der Dolomiten-Ferrate. Er besteht ausschließlich

Blick vom Piz Boè in die Val di Mesdi, darüber Daint und Bec de Mesdi, im Hintergrund über Puezspitzen und Peitlerkofel die Zillertaler Alpen.

aus Selbstzweck, gibt es doch westlich und östlich von ihm gute Zugänge auf die Pisciadùterrasse. Für echte Klettersteigenthusiasten, die es gerne etwas „schärfer" haben, gehört er zum Idealen. In wenigen Minuten steht man am Einstieg zur ersten Felsstufe. Nach einer Terrasse folgt dann die große und erstaunlich glatte, ungegliederte Wand. Durchgehende Drahtseile und ebenfalls durchgehende Kletterei; es gibt kaum einen etwas größeren Absatz in der Wand. Steile Abbrüche unter sich, Steilfels über sich — dies hat mit Gehen und Wandern nichts mehr zu tun. Das ist richtige Kletterei in einem Gelände, das etwa dem Schwierigkeitsgrad IV entsprechen dürfte, nur daß man statt am Perlonseil hier am Drahtseil gesichert ist und es die notwendigen künstlichen Tritte gibt. In der oberen Hälfte bäumt sich der Fels noch steiler auf, und die Sicherungen sind nicht mehr ganz so perfekt angebracht. Wer also im unteren Teil schon Bedenken hatte, sollte in halber Höhe nach links aus der Wand queren, eine — sehr vernünftige — Möglichkeit, die Tour abzubrechen. Es gibt bei diesem Klettersteig noch einen besonderen Abschluß-Gag: Eine Eisenbrücke über eine tiefe Felsschlucht. Der Steig endet zudem nicht auf einem Gipfel, sondern auf einer Terrasse in den Nordabhängen des Sellastockes.

Schwierigkeiten: Gut angelegter Klettersteig durch eine sehr steile, glatte Wand, anspruchsvoll, nur für Erfahrene.

Talort: Colfuschg, 1645 m, im Gadertal.

Ausgangspunkt: Parkplatz, 1950 m, östlich knapp unter dem Grödner Joch (Schilder).

Abstieg: Von der Pisciadùhütte, 2587 m, CAI, bew., am Oberende des Steiges Rückweg durch die Val Setus.

Gehzeit: Straße—Pisciadùhütte 2½ Std.

98

Pößneckersteig

Vom Sellajoch auf den Piz Selva, 2940 m

Als gewaltige Festung wächst das Sellamassiv aus den Wiesenböden nördlich des Sellajochs empor mit Bastionen, Türmen, einer besonders steilen und geschlossenen, 300 Meter hohen „äußeren Ringmauer" und einer zweiten, stark gegliederten und noch 200 Meter hohen oberen Wandstufe. Wer die Sella erstürmen will, der muß außen an den Mauern emporsteigen. Drahtseile, Stufen, Stifte, Klammern, Leitern helfen ihm dabei, doch ist das Ganze eine ernste, sehr luftige Angelegenheit, und man muß schon wirklich mit jähen Dolomitenwänden vertraut sein, soll einem bei diesen tiefen Abgründen keine Furcht überkommen. Die reine Westlage sorgt zudem für kühlen, manchmal sogar vereisten Fels am Morgen. Nach dem ersten, so steilen Wandaufbau wandert man dann über schuttreiche Böden am Piz Ciavazes vorbei — der von Süden so glatte Kletterberg zeigt sich von hier als zerborstene Felsruine — zur oberen, viel harmloseren Stufe. Über sie erreicht man beim Piz Selva die Hochfläche, ein unerwartet weites, steiniges Plateau. Den *Piz Gralba,* 2974 m, überschreitend geht es dann — stets mit herrlichem Blick — nach Osten, um den Beginn der Abstiege in die Val Lasties oder nach Pisciadù zu gewinnen.

Schwierigkeiten: Gut und ausreichend gesichert, doch kein reiner Eisenweg, sehr anspruchsvoll und sehr ausgesetzt.

Talort: St. Ulrich, 1236 m, im Grödner Tal oder Canazei, 1465 m, im Fassatal.

Ausgangspunkt: Sellajoch, 2214 m; hierher ordentliche Bergstraßen aus beiden Tälern.

Abstieg: Durch die Val Lasties zur Südrampe der Sella-Paß-Straße, evtl. auch nach Norden zur Pisciadùhütte (siehe Tour 97) und zum Grödner Joch.

Gehzeiten: Sellajoch — Piz Selva 2¾ Std., über die Hochfläche 1 Std., Abstieg zur Straße und zurück zum Joch 2½ Std.

99

Via attrezzata Cesare Piazetta

Von Süden auf den Piz Boè

Man nehme eine fast senkrechte Wandstufe von 100 Meter Höhe mit abwärtsgeschichtetem und dadurch besonders trittarmem Fels, spanne ein gut verankertes Drahtseil, suche einen klangvollen Namen — und fertig ist der neue Superklettersteig. So geschehen in dem Wandgürtel südlich des Piz Boè in der Sella. Doch was soll das Ganze, wem ist damit gedient? Der übliche Klettersteiggeher kann sich hier allenfalls mit viel Armkraft „hinauframpfen", und der richtige Felskletterer, der die Stufe vielleicht noch mit Eleganz meistert, wird

Dieses Foto demonstriert eindrucksvoll die Schwierigkeiten der Via delle Trincèe an der Mèsola. Bei dem dunklen Gestein handelt es sich um Konglomerate.

wenig Interesse an einer derartigen Kurzferrata haben, wenn er unterhalb und oberhalb so viel Gehgelände überwinden muß.
Schwierigkeiten: Besonders anspruchsvoller Anstieg von nur gut 100 Meter Höhe.
Talort: Canazei, 1465 m, oder Arabba, 1602 m.
Ausgangspunkt: Pordoijoch, 2239 m. Zugang: Nach Osten zum Kriegerdenkmal und hinauf zu den Felsen.
Abstieg: Normalweg vom Piz Boè zur Pordoischarte und über die große Schutthalde zurück zum Paß.
Gehzeit: 3½ Std. Aufstieg.

100

La Mèsola, 2727 m

Via delle Trincèe

Als besonderer Kontrast zu den leuchtend weißen Marmoladagletschern ragt nördlich des Fedajasees der Padonkamm auf, der im Bereich der Mèsola mit seinen auffallend dunklen Konglomeratfelsen (mit großen eingebackenen Steinen) einen wildgezackten Grat bildet. Dieser Hahnenkamm wird — teilweise — auf alten Kriegsanlagen vom Trincèeweg überschritten; das ist, dank des kleinräumigen Geländes, das so voller Überraschungen steckt, eine besonders kurzweilige Angelegenheit. Da die Sicherungen, vom Drahtseil abgesehen, eher spärlich angebracht wurden, und es zudem sehr steile Felsstellen gibt, kann man kaum von einer Via *ferrata* sprechen, eher von einem Klettersteig im Fels. Und hier muß man klettern können! Deshalb hat bei dieser Spritztour, trotz der Kürze der Anlage, der Neuling ebenso wie auch der Ungeschickte nichts verloren!
Schwierigkeiten: Kurze, aber anspruchsvolle Anlage, teilweise sehr kleine Tritte in steilem Gelände.
Talort: Arabba, 1602 m, im Buchensteiner Tal östlich des Pordoijochs.
Ausgangspunkt: Porta Vescovo, 2478 m, Seilbahn von Arabba; evtl. in 1¼ Std. zu Fuß vom Fedajapaß.
Rückweg: Steigspuren südlich unter den Felsen führen zur Porta Vescovo.
Gehzeit: Rundtour 2½ Std.

101

Marmolada di Penia, 3342 m

Westgrat — die Superbergfahrt für Klettersteigfreunde

Marmolada — das ist die alles überragende Königin der Dolomiten, der einzige Gletscherberg der Region, der jedoch nach Süden mit einer fünf Kilometer breiten Felsmauer abbricht. Da über den 400 Meter hohen Westgrat einer der klassischen gesicherten Steige führt — er stammt noch aus der Zeit vor dem Ersten Weltkrieg — gehört die Marmolada auch zu den Traumzielen der Klettersteiggeher. Die Schwierigkeiten bei dieser gut gesicherten Anlage liegen weniger im Technischen; bei idealen Verhältnissen kann man sie als „mittel" einstufen. Doch bei einem Berg dieser Höhe, bei dem zudem viele Wegpassagen in der Nordwestseite des Grates verlaufen, trifft man nur allzu leicht auf Eis und Schnee, und die machen eine genußvolle Bergfahrt im Nu zu einem ernsten Unternehmen. Und auch von einem Gewitter oder gar einem Wettersturz sollte man sich auf keinen Fall auf der so exponierten Schneide überraschen lassen. Zudem wäre es ja wirklich schade, diesen großartigen Aussichtsberg auf dieser idealen Aussichtsroute nicht an einem schönen und klaren Tag zu besteigen. Ein weiteres Problem stellt der Abstieg dar: Bei dem Normalweg nach Norden über den Marmoladagletscher nützt es wenig, „an den Spalten aufzupassen", wie es in den Beschreibungen heißt. Nur entsprechend angeseilt sollte man ihn begehen, sonst steigt man besser wieder über den Westgrat ab.
Seit einiger Zeit wird darüber gesprochen, den Verbindungsgrat zwischen den beiden Marmolatagipfeln, der Punta Penia und der Punta Rocca, zu versichern. Das ergäbe eine sehr interessante neue Möglichkeit und würde das Problem Gletscherabstieg und Spalten in eleganter Weise lösen.
Schwierigkeiten: Hochalpine, anspruchsvolle und lange Bergfahrt, stark von den Verhältnissen abhängig, Eispickel oft empfehlenswert; Abstieg über den Marmoladagletscher nur mit Eisausrüstung.
Talort: Canazei, 1465 m, im Fassatal.
Ausgangspunkt: Contrinhaus, 2016 m, CAI, bew., 2 Std. von Canazei.
Abstieg: Auf dem Aufstiegsweg oder nach Norden über den Gletscher zum Fedajapaß.
Gehzeiten: Contrinhaus — Gipfel 4½ Std., Abstieg 2 Std.

102

Il Collac, 2713 m

Ferrata dei Finanzieri

Ein paar Schlagworte zum Collac, diesem freistehenden, ziemlich kühnen Felsbau westlich der Marmolada: (Relativ) kleiner Berg mit großer Ferrata, Spritztour aber nur für Könner und Menschen ohne Nerven. Durch die über 500 Meter hohe Nordwestwand wurde 1980 ein Direttissima-Eisenweg gebaut, sehr lang und luftig, über Platten mit oft recht bescheidenen Trittchen, über fast senkrechte Kamine. Der Nachteil dieser Direktroute: Steinschlag durch die „lieben Vorgänger". Die großen Pluspunkte außer der langen, spannenden Kletterei: Idealblick auf Marmolada-, Sella- und Langkofelgruppe und ungewöhnliche Bequemlichkeit, denn die Ciampacbahn fährt sozusagen bis zum Einstieg. Und schließlich noch ein Kuriosum: Der Collac besteht aus hellem Kalk, doch beim Abstieg gerät man, von einem Schritt zum anderen, in das fast schwarze Gestein des Sasso Nero.

Schwierigkeiten: Gut gesicherter Steig durch eine steile Wand, sehr anspruchsvoll, Steinschlaggefahr.

Talort: Canazei, 1465 m.

Ausgangspunkt: Bergstation der Seilbahn, 2147 m, Talstation in Alba, zwei Kilometer von Canazei entfernt.

Abstieg: Auf teilweise gesichertem, geröllreichem Steig durch die Ostflanke, kurzer Gegenanstieg in die Forcia Neigra, dann südlich und westlich um das Collacmassiv zurück zur Bahn.

Gehzeit: 2 bis 3 Std. Aufstieg.

Im Herzen der Dolomiten - Sella- und Marmoladagruppe

Für diese recht beliebten Routen sind keine großen Beschreibungen notwendig. So wollen wir hier nur ein paar Anregungen geben und zeigen, welche Möglichkeiten sich bieten und wie sich die einzelnen Klettersteige und Gipfelziele am geschicktesten aneinander reihen lassen. Die Route endet am Sellajoch (oder am Grödner Joch) und damit drängt sich ein Weiterweg durch die Langkofel- und die Rosengartengruppe, wie auf Seite 113 beschrieben, geradezu auf. Man kann natürlich auch vom Grödner Joch aus auf der Dolomiten-Höhenroute Nr. 2 nach Norden bis ins Villnößtal wandern und dabei nicht nur den Sass Rigais (Tour 95) „mitnehmen", sondern auch den Piz Duledes, 2908 m, und den Peitlerkofel, 2874 m, zwei interessante Ziele mit teilweise gesicherten, doch einfachen Felsenwegen. Die Route in Stichpunkten: Grödner Joch — Crespeinajoch — Puezhütte — Piz Duledes — Geislerhütte — Sass Rigais — Wasserscharte — Schlüterhütte — Peitlerkofel — Villnößtal oder Gadertal.

1. Tag: *Collac — Passo di San Nicolo — Contrinhaus.* Wie bei Tour 102 über den Collac in die Forcia Neigra. Von dort aus östlich um die Felsen des Sasso Nero herum und hinüber in den Passo di San Nicolo. Bequem hinab zum Contrinhaus. Insgesamt 4 Std.

2. Tag: *Marmolada — Fedajapaß.* Den Höhepunkt unserer Viertagefahrt bildet die Überschreitung der Marmolada di Penia wie bei Tour 101 zum Fedajapaß (Rifugio Castiglioni, 2060 m, CAI, bew.). Insgesamt 6 Std.

3. Tag: *Porta Vescovo — La Mèsola — Bindelweg — Pordoijoch.* Auf gutem Weg in die Porta Vescovo und wie bei Tour 100 über den Klettersteig auf die Mèsola und zurück in die Porta. Von ihr südwärts wieder ein Stück hinab, dann auf dem Bindelweg, der berühmt für seine schönen Ausblicke ist, hinüber ins Pordoijoch (mehrere Häuser). Gesamtzeit 5 bis 7 Std.

4. Tag: *Piz Boè — Sellajoch oder Grödner Joch.* Wie bei Tour 99 auf dem sehr anspruchsvollen Klettersteig auf den Piz Boè, 3151 m, den höchsten Gipfel der Sella. Nordwestwärts hinab zur nahen Boèhütte, 2871 m, CAI, bew., und hinüber auf die Meisules-Hochfläche. Nun entweder nach Westen und wie bei Tour 98 hinab ins Sellajoch oder nach Norden zur Pisciadùhütte und wie bei Route 97 ins Grödner Joch. Gesamtzeit 6 bis 8 Std.

Alternative: Sass Pordoi — Piz Boè. Wem die Via Piazzetta zu schwierig ist, wird mit der großen Seilbahn auf den Sass Pordoi, 2950 m, fahren und dann recht gemütlich zum Piz Boè weiterwandern.

103/104

Cima dell'Uomo, 3010 m

Via alta Bepi Zac und Ferrata Uomo

Der Marmolada ist südlich ein gut 20 Kilometer langer Kamm vorgelagert, der ziemlich genau von Westen nach Osten verläuft, und der noch zur gleichen Berggruppe gehört. Ein Dutzend mächtiger und noch eine ganze Zahl kleinerer Gipfel entragen diesem Kamm, teilweise sind es durchaus schöne und große Felsburgen. Die Abgelegenheit, vielleicht mehr noch das bröselige Gestein, Ursache für die riesigen Geröllhalden, sorgten bis vor kurzem für absolute Einsamkeit in der Gipfelregion. Erst der Bau von drei gesicherten Wegen hat das Gebiet aus seinem Dornröschenschlaf geweckt. Die Anlage im Westen und jene im Osten sollen hier nur kurz erwähnt werden. Aus der bei Pozza ins Fassatal mündenden Val San Nicolo führt der Sentiero Franco Gadotti auf drei Gipfel, die Cima Dodici, 2443 m (kurzer Abstecher), den Sass Aut, 2555 m, und die *Punta Vallaccia,* 2639 m. Das ist ein weiter, relativ einsamer und insgesamt nur mäßig schwieriger Ausflug von etwa 5 Std. Aufstieg. Im Osten des Kammes steht die *Cima dell'Auta,* 2622 m (nicht zu verwechseln mit dem Sass Aut, Talort Falcade, Aufstieg von Colrean, 1274 m), deren höherer Ostgipfel sich auf der Via ferrata Paolin Piccolin und dem Normalweg in teilweise etwas schuttigem, steinschlaggefährlichem Gelände überschreiten läßt — ebenfalls eine Bergfahrt abseits der Massenwege.

Doch nun zur Cima dell'Uomo. Dieser zerborstene, rostrote Felsgipfel beherrscht die weite Wiesenlandschaft über dem Passo di San Pellegrino. Der nach Westen zum Passo Selle, 2531 m (bew. Hütte), ziehende Kamm trägt noch sieben Gipfel, die jedoch kontinuierlich immer sanftere Formen annehmen. So führt der am Paß beginnende Höhenweg Bepi Zac anfangs recht gemütlich über Gras und Schutt. Erst nach der Forcella del Cadin beherrscht der Steilfels das Bild. Durch eine etwas unangenehme Rinne und über erstaunlich weite Steinflächen geht es zur *Cima delle Vallate,* 2832 m, empor. Die Felslandschaft wird immer bizarrer, und doch quert der Steig auch unter der Punta del Cadin in der steilen Schrofenwand, ohne daß man viele Sicherungen bräuchte. Erst am 160 Meter hohen Gipfelaufbau der Cima dell'Uomo gibt es einen richtigen Eisenweg mit ein paar sehr steilen Stufen kurz über dem Einstieg, einer recht ausgesetzten Querung über glatte Platten, einem kurzen Abstieg durch eine eventuell eisige Schlucht. Schließlich folgen noch drei längere Passagen in sehr steilen Schrofen, wo es nur kleine Tritte gibt. Die Cima dell'Uomo — zwischen Marmolada, Pala und Civetta gelegen — ist ein Aussichtsberg von Rang — und zudem ein Schuttberg der Extraklasse, beim Abstieg, der fast nur durch Sand und Geröll führt, lernt man diese besondere Eigenschaft (allzu) ausführlich kennen.

Schwierigkeiten: Höhenweg vom Passo Selle zur Forcella dell'Uomo nur mit wenigen gesicherten Stellen, dann steiler, teilweise ausgesetzter Klettersteig.

Talort: Moena, 1184 m, oder Falcade, 1297 m.

Ausgangspunkt: Passo di San Pellegrino, 1910 m, gute Straßen aus beiden Tälern, 11 km von Moena, 7 km von Falcade.

Zugang: Mit dem Costabellalift zur Bergstation, 2150 m, und auf breitem Weg nach Westen zum Passo Selle.

Abstieg: Den Markierungen folgend erst nach Südosten, dann quer durch die Südwand über Schutt und Schrofen (Trittsicherheit unbedingt notwendig) zur großen Schuttreiße. Über sie und die Wiesen zurück zum Pellegrinopaß.

Hinweis: Nach der Besteigung der Punta Vallaccia (siehe oben) kann man in der Taramellihütte, 2040 m, SAT, übernachten und am nächsten Tag die Tour vom Passo Selle zur Cima dell'Uomo anschließen.

Gehzeiten: Lift — Sellepaß 1 Std., Höhenweg zur Forcella dell'Uomo 3 bis 4 Std., Gipfelanstieg ¾ Std.

105

Via ferrata Bolver Lugli

Klettersteig am Cimone della Pala und Abstecher zur Cima della Vezzana

Von Nordwesten gesehen wirkt der Cimone della Pala, 3184 m, mit seinen eigenartig geschweiften Felsen wie eine zu Stein gewordene Flamme. Von Südwesten erscheint er hingegen als zwei Kilometer breite und bis zu 900 Meter hohe Wandflucht. Durch den rechten Teil dieser Abstürze führt ein sehr anspruchsvoller Klettersteig auf die Schulter südöstlich des Gipfels, auf der auch die Biwakschachtel Fiamme Gialle, 3005 m, steht. Die Via ferrata folgt einer historischen Kletterroute im Schwierigkeitsgrad III, man hat sie durchgehend mit Seilen versehen, ging dabei jedoch sparsam mit künstlichen Tritten um, und so blieb diese Tour mit ihrer geraden Linienführung und dem oft recht steilen

Ein sehr bekanntes Motiv: Zu sehen ist der höchste Teil der Palagruppe mit der Cima dei Bureloni, der Cima della Vezzana und dem Cimone della Pala. Ganz rechts erhebt sich die Felsstufe, die der Bolver-Lugli-Steig überwindet.

und ausgesetzten Fels eine Sache für den Erfahrenen und Klettergewandten. Nur wer sich im Steilfels zuhause fühlt, wird an dieser Kletterei mit ihrem grandiosen Dauertiefblick seine ungetrübte Freude haben.

Mit einer Zusatzstunde kann man anschließend die Cima della Vezzana, 3193 m, erstürmen, den Hauptgipfel der Palagruppe und einen der Großen der Dolomiten. Im Schutt (Schnee) führen Steigspuren zum schmalen Gipfelgrat hinauf, eine harmlose Sache für einen Begeher des Bolver-Lugli-Steiges. Dabei kommt man am Passo Travignolo vorbei, dessen nordseitige Eisrinne und der zerrissene, schuttübersäte Travignologletscher bieten einen besonders düster-eindrucksvollen Anblick. Die Vezzana ist außerdem ein Beispiel für die Breitenentwicklung im Bergsteigen: einst ein einsames Ziel, heute fast schon einer der Modegipfel.

Schwierigkeiten: 650 Meter hoher Steig, davon 400 Meter sehr schwierig in steilem, ausgesetztem Fels, Abstieg umständlich.

Talort: San Martino di Castrozza, 1467 m.

Ausgangspunkt: Mittelstation Col Verde, 1956 m, des von San Martino heraufkommenden Liftes.

Abstieg: Von der Schulter am Cimone della Pala auf der gegenüberliegenden Seite auf Schrofen in die oberste Val dei Cantoni, durch diese hinab (Schnee) und 100 Meter Gegenanstieg in den Passo Bettega. Von dort direkter Abstieg zur Station Col Verde durch eine hohe Schrofenflanke (Schwierigkeitsgrad I, nur spärlich markiert).

Gehzeiten: 3 bis 4 Std., Abstieg 2 Std.

106/107

Ferrate del Porton und del Velo

Zu Füßen von Sass Maor und Cima della Madonna

Vor allem im mittäglichen Gegenlicht wirken die so steilkantigen Felsgipfel über Val di Roda und Val Pradidali wie eine vielköpfige Schar dunkler, in bodenlange Kapuzenmäntel gehüllte Gestalten. Selbst in den Dolomiten gibt es keinen zweiten Platz, an dem so viele der schönsten Kletterberge auf so engem Raum nebeneinander stehen. Bei allen Steilfelstigern haben sie einen besonderen Klang, die Namen wie Pala di San Martino, 2987 m, Campanile Pradidali, Cima Canali, Sass Maor, Cima della Madonna . . . Aber auch auf den Klettersteigliebhaber wartet hier eine interessante Route (mit Variationsmöglichkeiten). Der Portonsteig führt erst über sehr steile Felsen, dann durch eine düstere Schlucht über den 300 Meter hohen Felsaufschwung zur Forcella del Porton, 2480 m. Anschließend quert der Velosteig auf Schutterrassen unter dem Sass Maor hindurch und weiterhin in teilweise luftigem Felsgelände auch den Sockel der Cima della Madonna bis unter die berühmte Schleierkante, der immer wieder das Prädikat „schönste Dolomiten-Genußkletterei“ verliehen wird. Wie an so vielen anderen Stellen bringt auch hier der Klettersteig den richtigen Felskletterern, die zur Kante unterwegs sind, einen recht bequemen Zugang. Sie können dadurch mit mehr Muße im bom-

benfesten Kalkfels schwelgen. Über eine Stufe geht es schließlich hinab zum nagelneuen Rifugio Velo della Madonna (Velo = Schleier), 2358 m, SAT, bew. Man kann jedoch auch von der Portonscharte aus auf dem *Sentiero Nico Gusella* die Cima di Ball westlich zur Forcella Stephen, 2680 m (lohnender Abstecher von 20 Min. auf die Cima di Val di Roda, 2791 m), umrunden und so zum Passo di Ball zurückkehren. Doch, wie war das — bot an diesem Tag nicht der Zugang das allereindrucksvollste Erlebnis, der Weg durch die obere Val di Roda, das Erreichen des Passo di Ball, der Rundblick im Pradidalikessel mit Hütte und See?

Schwierigkeiten: Steilwand zur Forcella del Porton mit senkrechten Stellen im unteren Teil, evtl. Schnee, Steinschlag; anspruchsvoll.

Talort: San Martino di Castrozza, 1467 m.

Ausgangspunkt: Rifugio Rosetta, 2581 m, SAT, bew., Zufahrt mit Lift und Seilbahn von San Martino.

Zugang: 300 Meter steil nach Westen hinab und durch die Val di Roda (Schnee) in den Passo di Ball, 2449 m, und drüben hinab zum Rifugio Pradidali, 2278 m, CAI, bew.

Variante: Sentiero Nico Gusella rund um die Cima di Ball.

Abstieg: Von der Velohütte auf gutem Weg weit nach Norden zurück nach San Martino; oder über den Sentiero Dino Buzzati (Tour 108) hinunter in die Val Canali.

Gehzeiten: Rosetta — Rifugio Pradidali 2 Std., Porton-Velo-Steig zum Rifugio Velo 3 Std., Rückweg nach San Martino 3 Std.

108

Sentiero Dino Buzzati

Überschreitung von Cima della Stanga und dem Cimerlomassiv

Von der Cima della Madonna zieht ein zerklüfteter Felskamm nach Süden, der vor nicht langer Zeit absolut einsames Bergland war. Nun überquert der Buzzati-Klettersteig den Kamm, und plötzlich sind die beiden Gipfel, die Cima della Stanga, 2550 m, und der Cimerlo, 2503 m, von einem Dornröschendasein zu begehrten Zielen aufgestiegen. Am meisten Spaß macht diese Bergfahrt als Rundtour mit Aufstieg durch die Val Pradidali, Übergang über die Forcella del Porton (Tour 107) zur Velohütte und Abstieg auf dem Buzzatisteig. Der Blick auf die 1000-Meter-Wand des Sass Maor, 2814 m, die bizarre Felswelt des Cimerlo und ein Kamin mit dem Prädikat „nur für schlanke Menschen", der 20 Meter fast senkrecht hinunterführt, sind die auffallendsten Merkmale.

Schwierigkeiten: Gut gesicherter Steig, mittelmäßige Schwierigkeiten.

Talort: Fiera di Primiero, 717 m, 13 km südlich von San Martino di Castrozza.

Ausgangspunkt: Gasthof Cant del Gal, 1167 m, in der Val Canali.

Zugang: Am interessantesten über Rifugio Pradidali und Porton-Velo-Klettersteig zur Velohütte (siehe Tour 107).

Abstieg: Der Buzzatisteig wird dann im Abstieg begangen.

Gehzeiten: Cant del Gal — Pradidalihütte 3 Std., Porton-Velo-Steig — Velohütte 3 Std., Buzzatisteig — Cant del Gal 4 Std.

109/110

Croda Grande, 2837 m

Eisenwege Fiamme Gialle und Vani alti

Es steckt doch sicher ein Bergsteiger in Ihnen! Dann werden Sie sich bestimmt nicht mit dem Bivacco Reali, 2550 m, als Ziel zufriedengeben, sondern noch dem beherrschenden Gipfel im südwestlichen Palabereich die schuldige Reverenz erweisen. Das wäre so recht die Krönung eines erlebnisreichen Tages. Das Ganze ist eine typische Dolomitenbergfahrt mit einem von Felszinnen umrahmten Tal (Val Canali), zwei felsumgürteten, trümmergefüllten Hochkesseln, zwei steilen Wandstufen, die von den Klettersteigen Via ferrata Fiamme Gialle zur Forcella Marmor, 2519 m (oberhalb Biwakschachtel), und Via ferrata Vani alti am gleichnamigen Felsrücken überlistet werden. Die beiden Steige lassen sich zu einer Rundtour verbinden. Dazwischen erfolgt, wie schon angedeutet, als Krönung der Aufstieg über Schutt (Schnee) und Schrofen in dem recht zerklüfteten Gelände zum mächtigen Gipfel der Croda Grande. Den Nordländer begeistert dann vor allem der Blick nach Süden über das Piavetal bei Belluno hinweg ins nahe italienische Tiefland; Venedig ist nur hundert Kilometer entfernt!

Schwierigkeiten: Zwei Wandstufen mittlerer Höhe, steil und ausgesetzt, doch gut gesichert; mittelschwer.

Talort: Fiera di Primiero, 717 m, 13 km südlich von San Martino di Castrozza.

Ausgangspunkt: Rifugio Treviso (Canalihütte, 1630 m, CAI, bew.); mit dem

Pkw im Canalital über Cant del Gal bis zur Malga Canali, 1307 m, dann in 1 Std. zur Hütte.
Die Route in Stichpunkten: Hütte — Vallon del Coro — Forcella Marmor — Forcella Sprit — Croda Grande — Vani alti — Vallon Vani alti — Canalihütte.
Gehzeiten: Canalihütte — Bivacco Reali 2¾ Std., Gipfelanstieg 1 Std., Abstieg über Vani alti 2½ Std.

111

Monte Agnèr, 2872 m

Via ferrata Stella Alpina — der Edelweißweg

Monte Lastei d'Agnèr, 2844 m, heißt der südliche Nachbar des mächtigen Monte Agnèr. Lasta ist der italienische Name für Platte, eine treffende Bezeichnung für diesen Berg, der oberhalb eines sehr steilen Wandgürtels aus schrägen Abdachungen aufgebaut ist. Über diese Felsstufe unter den Platten führt die Ferrata Stella Alpina (stella alpina = Edelweiß), ein Weg in steilster Wand und von äußerster Schwierigkeit, der nur mit einem Drahtseil gesichert ist. Ein Vergnügen für den echten Könner im Fels, ein in den Armen krampf- und muskelkaterförderndes Emporziehen für den Mittelmäßigen und streng verbotenes Land für den Schwächeren. Nach 300 Höhenmetern mündet der Steig auf die Platten und führt dann schräg nach rechts über Geröll und Schrofen direkt zur Forcella del Pizzon mit der Biwakschachtel Biasin, 2650 m. Von dort steigt man in einer knappen Stunde direkt zum Monte Agnèr hinauf, man kommt also gar nicht in die Nähe des Lasteigipfels. Die Pizzonscharte kann man auch auf einfacher Route erreichen, nämlich von Süden im Bereich des Gran Canalone, der großen Schlucht; es gibt dort ein Steiglein, ein paar gesicherte Stellen, Schrofen und viel Geröll (oder Schnee).
Eines sollte nach der Agnèrtour niemand versäumen: Einen Ausflug mit dem Auto von Agordo in die Val di San Lucano. Erst dort erkennt man, welch herrlichen Felsberg man erstiegen hat, er bietet ein Bild von Wucht und Eleganz zugleich, 1600 Meter ist die wie gemeißelte, senkrecht wirkende Nordkante hoch.
Schwierigkeiten: Via ferrata Stella Alpina sehr steil und ausgesetzt, trotz des Drahtseiles schwierige Kletterei, einer der anspruchsvollsten Eisenwege; Normalanstieg zum Monte Agnèr einfach.
Talort: Agordo, 613 m.
Ausgangspunkt: Rifugio Scarpa, 1735 m, CAI, bew.; von Agordo 10 km nach Frassene, 1084 m, Sessellift bis unter die Hütte.
Abstieg: Vom Monte Agnèr über die Forcella del Pizzon (Normalweg).
Gehzeiten: Aufstieg über den Klettersteig 4½ Std., auf dem Normalweg 3¼ Std.

Rundtour durch die Palagruppe

Wer über den Rollepaß fährt und dabei die himmelstürmenden Felszinnen bewundert, ahnt nichts vom „zweiten Gesicht" der Palagruppe, dem Altipiano, jener gewellten Steinhochfläche, die an eine Mondlandschaft denken läßt. Doch erst beides zusammen ergibt ein vollständiges Palabild. Bei unserer fünftägigen Rundtour kommen alle Bereiche — in sehr eindrucksvoller Weise — zur Geltung. Gerade die Kontraste stempeln diese Bergfahrt zu einem ganz eigenen Erlebnis, wie wir es in dieser Form selbst im weiten Felsreich der Dolomiten kein zweites Mal antreffen.
1. Tag: *Rifugio Treviso — Croda Grande und zurück.* Man steigt am besten am Vorabend in gut 1 Std. zur Trevisohütte hinauf. Dann wie bei Tour 109/110 auf die Croda Grande und zurück zur Hütte.
2. Tag: *Passo Canali — Cima Fradusta — Hochfläche — Rosettahütte.* Talein und empor zum Passo Canali, weiter auf dem Weg Nr. 708 an den Fuß der Cima Fradusta, 2939 m, die man über Schnee und Schrofen leicht besteigen kann. Dann weiter über die Hochfläche hinüber zur Rosettahütte. Diese Route sollte man nur bei nebelfreiem Wetter begehen. 5½ bis 6 Std. Alternative: Weg Nr. 711 am Bivacco Minazio vorbei.
3. Tag: *Col Verde — Bolver-Lugli-Steig — Vezzana — Rosettahütte.* Abstieg von der Hütte zum Col Verde (Mittelstation der Bahnen), dann wie bei Tour 105 über den Klettersteig und weiter zur Cima della Vezzana. Rückweg über den Bettegapaß.
4. Tag: *Passo di Ball — Ferrate Porton/Velo — Rifugio Velo.* Diese Route ist bei Tour 106/107 beschrieben.
5. Tag: Cima della Stanga — Buzzatisteig — Cant del Gal. Der Rückweg ins Canalital erfolgt wie bei Tour 108.

IX. Östliche Dolomiten

35 Steige und 25 Gipfel

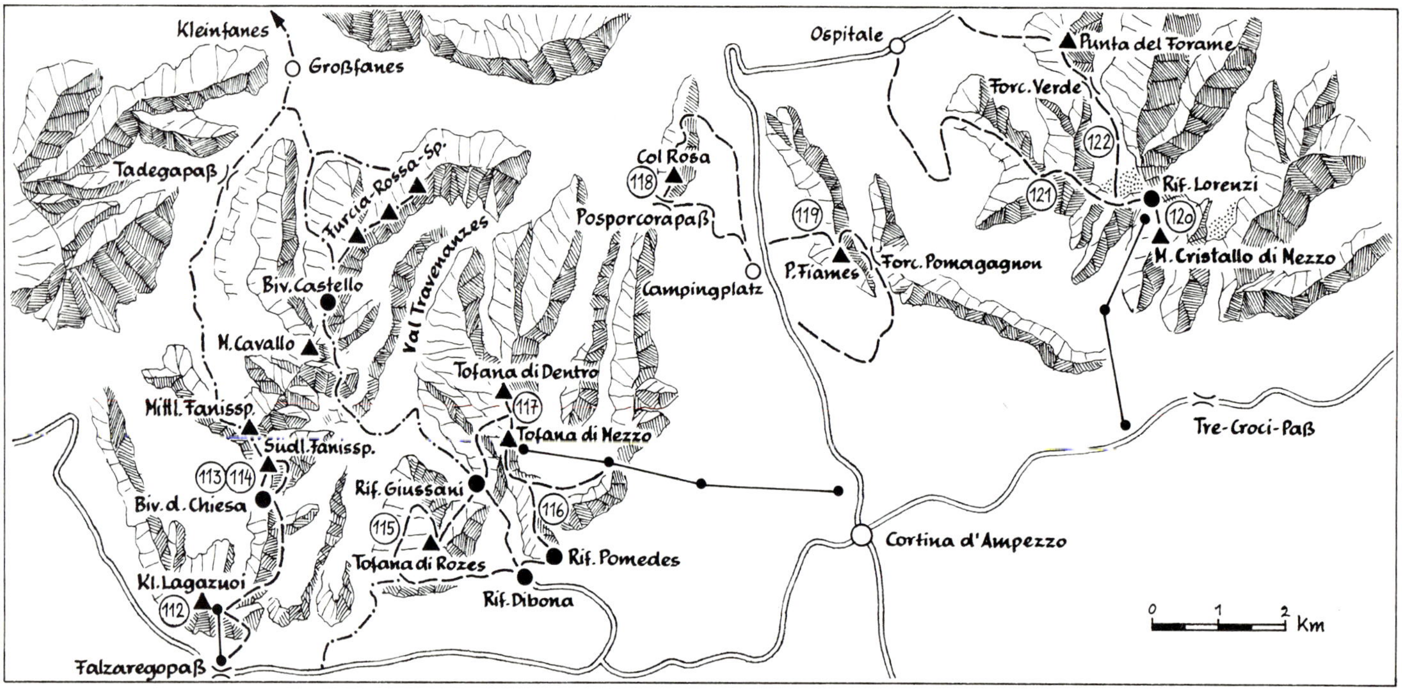

Im weiten Umkreis um den Olympiaort Cortina d'Ampezzo ragen die Dolomitengipfel besonders wuchtig und majestätisch auf, Riesenklötze wie der Antelao, der Monte Pelmo, die Tofanen oder auch gewaltige Mauern wie die Civetta oder der Sorapis. Hier gibt es relativ viele Dreitausender, was für einen recht hochalpinen Akzent sorgt. Bei einem Gewitter etwa kann es in dieser Höhe durchaus schneien, kann die Temperatur in der darauffolgenden Nacht unter null Grad sinken, und dann erschweren Schnee und Eis eine Tour wie die Via ferrata Bianchi am Cristallo di Mezzo ganz erheblich. Schneefelder, die im Lauf des Sommers oft hart wie Eis werden, gehören ohnedies zum Alltäglichen, und nicht immer lassen die vorhandenen Spuren ein problemloses Gehen zu. Ein typisches Beispiel dafür ist der Alpinisteig am Elferkofel bei Sexten. In den östlichen Dolomiten ist der „Bauboom" nicht ganz so groß, doch auch hier entstehen immer neue Steige. Aus dem Überangebot an Möglichkeiten haben wir zwei weggelassen. Sie sollen jedoch wenigstens kurz erwähnt werden. Den südöstlichen Zipfel der Sextener

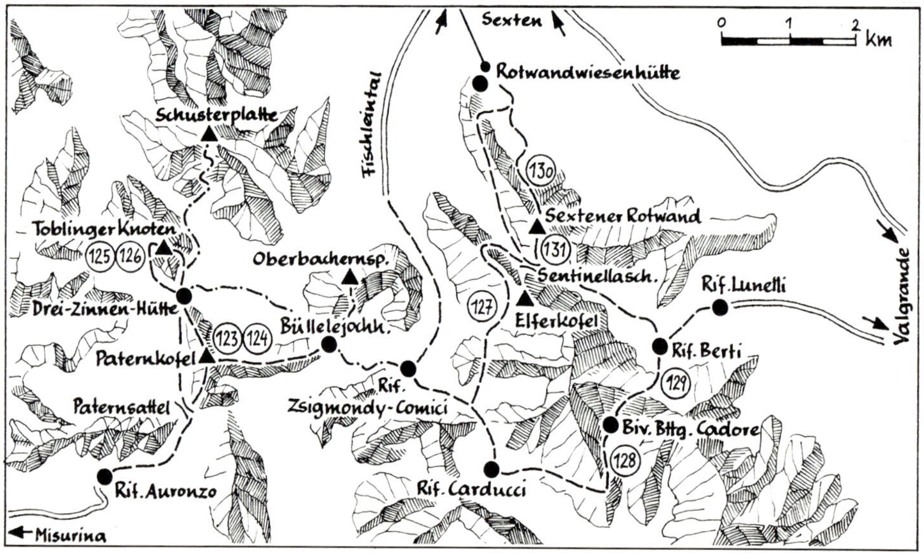

Eindrucksvoller Tiefblick aus den Westabstürzen der Punta Fiames (Via Michielli-Strobel).

Dolomiten erschließt die Via ferrata Mazzetta im Bereich der Croda di Tacco (Talorte Auronzo und Pàdola). Und der Bilgeri-Gedächtnisweg führt durch die Nordflanke des Monte Piano, 2324 m (Talort Schluderbach), jenes im Ersten Weltkrieg so heiß und blutig umkämpften runden Gipfels westlich der Drei Zinnen. Die an vielen Dolomitenbergen und hier ganz besonders allgegenwärtigen Zeugen dieser Zeit, Kavernen, verfallene Sicherungen, moderndes Holz, rostiger Stacheldraht, gehören zu den ausgesprochen häßlichen Relikten, die die Umgebung nicht zieren, sondern verschandeln.

Kurz noch zu dem Dolomiten-Sorgenkind Orientierung und Landkarten: Durch die vielen Menschen sind die meisten Wege breit ausgetreten, dazu kommt eine Fülle zusätzlicher Pfadspuren, die vor allem in den Geröllfeldern auffallen. Trotzdem läuft mancher an der richtigen Abzweigung vorbei, denn die Qualität der Markierungen und gar der Beschilderung ist von Mal zu Mal sehr unterschiedlich und damit insgesamt unzuverlässig. Die meiste Sorgfalt wird noch beim Anbringen der Wegnummern beachtet. Doch leider gibt es dann wieder beim Eintragen der Nummern auf den Karten manchen Fehler, selbst die ganz neu erschienenen Blätter sind nicht frei davon. Man sollte also stets seine Führerbeschreibung gut studieren, unterwegs die Augen offen halten, um nicht aus Unaufmerksamkeit an den Abzweigungen vorbeizulaufen, und schließlich sich darum bemühen, vor dem Einfallen von Nebel einen großen und wirklich zuverlässigen Weg zu erreichen.

112

Kleiner Lagazuoi, 2778 m

Abstieg durch einen Tunnel aus dem Ersten Weltkrieg

Diese Tour sei nur kurz als Kuriosum erwähnt. Ein Abstieg durch einen sehr steilen, schlüpfrigen Tunnel im Inneren des Berges ist mehr ein Gag als eine beglückende Bergfahrt. Nach kürzester Zeit wird dergleichen bei der permanenten Dunkelheit gleichförmig, Feuchtigkeit und Zugluft lassen einem zudem den freien Himmel zurückersehnen. Der Kleine Lagazuoi gehörte im Ersten Weltkrieg zu den Brennpunkten der Front. Die Alpini wollten die Österreichischen Kaiserjäger vom Gipfel vertreiben, so trieben sie von unten in halbjähriger Arbeit einen Tunnel gegen den Gipfel vor und sprengten ihn in die Luft. Vom Falzaregopaß aus kann man noch heute die ausgesprengten Felspartien erkennen und den so entstandenen gewaltigen Schuttkegel betrachten.
Schwierigkeiten: Mehr rutschig, und damit unangenehm, als schwierig; Lampe mitnehmen.
Talort: Cortina d'Ampezzo, 1210 m, oder auch das Gadertal.
Ausgangspunkt: Gipfel des Kleinen Lagazuoi; Bergbahn vom Falzaregopaß, dorthin auf guten Bergstraßen von Cortina oder aus dem Gadertal über den Valparolapaß.
Abstieg: Die Route durch den Tunnel wird nur im Abstieg begangen.
Gehzeit: 1¼ Std.

113/114

Südliche Fanisspitze, 2980 m

Via Tomaselli durch die steile Südwestwand

Auch die Via Tomaselli ist kein Klettersteig im herkömmlichen Sinn. Man könnte sie eher als dolomitische Wandkletterei mit Drahtseilhilfe einordnen. Auch in den steilsten Passagen hilft nur ein dünnes Führungsseil, die Tritte muß man sich selber suchen, und oft sind sie kleiner und abschüssiger (und von den vielen Begehern rundgetreten), als die angespannten Nerven es sich wünschen würden. Auch mit einem gewaltsamen Hochziehen am Drahtseil kommt man in einer 400 Meter hohen Flanke nicht weit. Deshalb eignet sich diese Tour wirklich nur für den Könner. Doch wer die Schwierigkeiten beherrscht, auf den wartet ein großes und eindrucksvolles Erlebnis. Die Südliche Fanisspitze ist ein wirklich eleganter, von steilen Wänden umgürteter Felsberg inmitten einer bizarren Kletterlandschaft, ein hohes und stolzes Ziel. Schon beim Zugang begleiten einen stets malerische Nah- und Fernblicke; während der Kletterei wird man dann wenig Zeit und Muße zum Schauen haben und erst am Gipfel — aufatmend — das weite Dolomitenmeer rundum bewundern. Besonderer Blickfang sind dabei die gleich gegenüber aufragenden Tofanen.
Schwierigkeiten: Sehr schwieriger, ausgesetzter Wandanstieg, nur Drahtseilsicherung.
Talort und Ausgangspunkt siehe Tour 115.
Zugang: Vom Kleinen Lagazuoi östlich um den Großen Lagazuoi zur Forcella Grande, 2652 m, knapp oberhalb das Bivacco della Chiesa.
Abstieg: Über die ebenfalls gesicherte Nordostflanke teilweise sehr steil in den Fanissattel und über steiles Geröll nach Süden zum Zugangsweg.
Gehzeiten: Lagazuoi — Forcella Grande 1½ Std., Tomasellisteig 1½ Std., Abstieg zum Falzaregopaß 1½ bis 2 Std.

115

Tofana di Rozes, 3225 m

Der große Klettersteig Via Lipella

Der etwa 800 Meter hohe, kantige, rostrote Felsaufbau der Tofana di Rozes ist das Schaustück und das Lieblingsfotomotiv über der Falzaregostraße und zudem eine der großen, extrem schwierigen Kletterwände. Von allen anderen Seiten fallen vornehmlich die waagrechten Streifen ins Auge, jene teilweise autobahnbreiten, aber natürlich abschüssigen und geröllbedeckten Bänder. Sie prägen auch den Charakter der Via Giovanni Lipella. Bei diesem sehr langen Eisenweg wechseln ebene Abschnitte im Gehgelände mit dem Überklettern der Steilstufen zwischen den Bändern. In einer Art Spirale nähert man sich, von der Dibonahütte kommend, dem Gipfel, quert erst südseitig unter den Riesenwänden vorbei, steigt dann steil durch

einen langen Kriegstunnel in die Lücke neben dem Castelletto empor, wandert anschließend auf den von Stufen unterrochenen Bändern quer durch die Westwand, um endlich im steilen Anstieg von Norden den Gipfelgrat und den höchsten Punkt zu erreichen. Das ist eine große, ernste Bergtour auf den fünfthöchsten Dolomitengipfel.
Schwierigkeiten: Gut gesicherter, doch anspruchsvoller Steig, teilweise steil und ausgesetzt, in den höheren Regionen nordseitig, und deshalb stark von den Verhältnissen abhängig; Steinschlaggefahr, Lampe nicht vergessen!
Talort: Cortina d'Ampezzo, 1210 m.
Ausgangspunkt: Rifugio Dibona, 2025 m, privat, bew.; von Cortina 8 km Richtung Falzaregopaß, dann nach Norden auf Sandsträßchen bis vor die Hütte.
Abstieg: Auf dem Normalweg über die Nordostflanke zum Rifugio Giussani (ehemals Rifugio Cantore), 2580 m, CAI, bew., und zurück zur Dibonahütte.
Gehzeiten: Dibonahütte — Gipfel 4½ bis 5 Std., Abstieg 1¾ Std.

116

Tofana di Mezzo, 3243 m

Langer Klettersteig über die Punta Anna

Vom höchsten Tofanagipfel zieht ein mächtiger, sehr zerrissener Felskamm zwei Kilometer weit nach Süden, der auch die *Punta Anna,* 2731 m, trägt. Die Via ferrata Olivieri überquert das gesamte Massiv, sie gehört zu den ausgesprochen langen, aber auch technisch recht anspruchsvollen Klettersteigen in den Dolomiten. Immer wieder müssen fast senkrechte Stufen überwunden werden, und bei der ersten Hälfte des Steiges beschränken sich die Sicherungen weitgehend auf ein gutes Drahtseil. Erst oberhalb des Bus — das ist ein gewaltiges Felsenfenster — am gebänderten Gipfelaufbau der Tofana di Mezzo gibt es dann auch ausreichend Stifte, Klammern und Leitern. Wer also nur zu den mittelguten, aber nicht zu den ganz sicheren Klettersteiggehern gehört, der fährt mit dem „Himmelspfeil", der großen Seilbahn, zum Gipfel hinauf und begeht die erste Hälfte des Klettersteiges, die auch Ferrata Tofana di Mezzo heißt, im Abstieg, um dann vom Bus über Geröll (oder auch harten Schnee) zur Mittelstation der Bahn hinunterzurutschen. Und wer 1200 Höhenmeter sparen will, kann natürlich auch die ganze Ferrata von oben begehen.
Schwierigkeiten: Sehr langer Klettersteig über 800 Höhenmeter, im Bereich der Punta Anna anspruchsvoll, ausgesetzt und nur spärlich gesichert, im oberen Teil etwas einfacher, aber immer noch steil und stark von den Verhältnissen abhängig.
Talort: Cortina d'Ampezzo, 1210 m.
Ausgangspunkt: Rifugio Dibona, siehe Tour 115.
Zugang: Von der Dibonahütte nach rechts zum Rifugio Pomedes, 2303 m, privat, bew.
Abstieg: Entweder zurück bis zum Bus und auf Steilgeröll rasch hinab in den Vallon oder in den Sattel zwischen der Mittleren und der Nördlichen Tofana und über das Gletscherchen in den Vallon. Man kann auch mit der Bahn nach Cortina hinunterfahren.
Gehzeiten: Dibonahütte — Gipfel 4½ bis 6 Std., Abstieg 1½ bis 2 Std.

117

Tofana di Dentro, 3238 m

Grattour von der Tofana di Mezzo

Die Ersteigung des nördlichsten und einsamsten Gipfels der Tofanen bietet neuerdings keine Probleme mehr. Der schon früher unschwierige Übergang wurde inzwischen mit Drahtseilen versehen. Sind also die Felsen nicht gerade vereist, dann braucht man für diesen Abstecher nicht mehr als eine Stunde, ein Gang auf und neben einer der höchsten Dolomitenschneiden. Als Zugang wird man die Seilbahn oder den Klettersteig auf die Tofana di Mezzo benützen, als Abstieg die Route über das Gletscherchen. Bitte, lesen Sie alles Weitere bei der Tour 116 nach. Man kann auch, anfangs über Schnee, nach Norden, später nach Osten absteigen und so zur Seilbahnstation Ra Valles zurückkehren.

Fünf Tage zwischen Falzarego und Fanes

Als Thema mit Variationen könnte man diese Rundtour bezeichnen, die dank des teilweise dichten Wegnetzes manche

Die Südwand der Tofana di Rozes gehört zu den berühmten Kletterwänden der Dolomiten. Dieser mächtige Gipfel wird auch vom Lipella-Klettersteig erreicht, der sich allerdings an die West- und Nordseite hält.

Alternative zuläßt. Der Reiz dieser Bergtour liegt vor allem in der Abwechslung, so setzten die Klettersteige an den Tofanen und der Südlichen Fanisspitze dramatische Akzente, während die anderen Wegstrecken teilweise mehr Besinnliches bieten, zudem wechselt Einsames mit recht Beliebtem, grüne Matten mit Hochalpinem . . .

1. Tag: *Falzaregotal — Tofana di Rozes — Pomedeshütte.* 1,6 Kilometer östlich des Falzaregopasses zweigt von der Straße nach Norden der Weg Nr. 412 ab; auf ihm und den anschließenden Steigen erreicht man den Südostfuß des Castelletto und damit unsere Tour 115. Sie führt auf die Tofana di Rozes und dann hinab zum Rifugio Giussani, und weiter geht es auf dem Sentiero Astaldi quer durch die felsdurchsetzten Hänge zum Rifugio Pomedes, 2303 m, privat, bew. 6½ bis 8 Std. (Quert man von den Tre Dita direkt zum Rifugio Giussani, so beträgt die Zeitersparnis 1½ bis 2 Std.)

2. Tag: *Punta Anna — Tofana di Mezzo — Rifugio Giussani.* Wie bei Tour 116 gelangt man auf die Tofana di Mezzo. Der Abstieg erfolgt nach Norden in den nächsten Sattel und dann über das Gletscherchen und die Schrofen zur Giussanihütte, 2580 m, CAI, bew. Gesamtzeit 6 bis 6½ Std.

3. Tag: *Val Travenanzes — Forcella Casale — Furcia Rossa — Kleinfanes.* Diese Route führt durch einsames, sehr ursprüngliches Bergland, das manchen grandiosen Anblick bietet in das Travenanzestal, zum Cadin di Fanis oder zum Vallon Bianco, über dem die Ostwände der Campestrinspitzen aufragen, glatte Mauern mit riesigen Felsdächern. Von der Giussanihütte steigt man durch das Masarè-Hochkar hinab ins oberste Travenanzestal und gleich gegenüber wieder empor in den Cadin di Fanis, der vom Fanisturm, 2922 m, überragt wird. Der kleine Steig Nr. 17 erreicht schließlich über steiles Geröll (mühsam) die Forcella Casale, 2850 m (Abstecher zum Monte Cavallo, 2912 m, 20 Min.). Am Gipfel des Monte Casale vorbei geht es dann hinab zur Castello-Biwakschachtel. Man kann nun entweder durch den Vallon Bianco, ein eindrucksvolles Hochkar mit gewaltigen Felstrümmern, direkt nach Großfanes absteigen, oder man überschreitet noch die Furcia-Rossa-Spitzen (3. Gipfel 2791 m) auf dem Klettersteig, eine interessante, nicht allzu schwierige Anlage (Gegenansteig gut 200 m). Zum Ausklang wandert man dann auf einem Bergsträßchen über das Limojoch zu den beiden Hütten auf Kleinfanes, 2060 m, CAI, bzw. 2042 m, privat, beide bew. Je nach Route 7 bis 10 Std., nur bei nebelfreiem Wetter ratsam!

4. Tag: *Forcella del Lago — Fanisspitzen — Kleiner Lagazuoi.* Dieser Tag bietet eine sehr anspruchsvolle, hochalpine Tour, die man sich aber beliebig erleichtern kann. Von Kleinfanes kehrt man über das Limojoch nach Großfanes zurück und folgt dann dem Dolomiten-Höhenweg Nr. 1 über den Tadegapaß bis zur Forcella del Lago. Nun kann man entweder dem mühelosen Weg treu bleiben und über die Lagazuoialpe den Kleinen Lagazuoi, 2778 m, Hütte, bew. (siehe auch Tour 112), erreichen, oder man begeht die Alta Via Fanis, die einen ganz ausgefallenen und großartigen Zugang zum berühmten Tomasellisteig ermöglicht. Über die Cima Scotoni, 2874 m, erreicht man die Nordwestschulter der Mittleren Fanisspitze. Dem hier ansetzenden, teilweise gesicherten Band folgt man in den extrem steilen Wänden — Stil Brenta! — bis zum Gipfelfuß der Südlichen Fanisspitze. Nun kann man auf der oberen Hälfte des Tomasellisteiges den Gipfel erklettern oder auch schon vom Ende des Bandes relativ einfach nach Osten absteigen, wo man östlich der Forcella Grande auf den üblichen Rückweg zum Kleinen Lagazuoi trifft (siehe Tour 113/114). Je nach Route 4 bis 8 Std.

5. Tag: *Falzaregopaß — Averau — Falzaregotal.* Nach dem Abstieg durch den Tunnel (Tour 112) zum Falzaregopaß kann man die Rundtour mit einer recht gemütlichen Wanderung auf dem Weg Nr. 441 zur Forcella Averau und weiter zur Forcella Nuvolau (Hütte) ausklingen lassen. Von dort führt ein Abstecher auf einem gesicherten Steig auf das schöne, ganz markante Felskastell, den Averau, 2649 m, den Hauptgipfel dieser Dolomiten-Untergruppe, die für ihre Aussichtsberge bekannt ist. Schließlich steigt man auf dem Weg Nr. 440 zum Auto im Falzaregotal ab (auch Sessellift). 4 Std.

118

Col Rosa, 2166 m

Ettore-Bovero-Klettersteig

Blockieren Neuschnee oder Nebel die größeren Berge, dann lockt der Col Rosa, jener niedrige, aber stolze Felszacken weit im Norden der Tofanen. In der gut 300 Meter hohen Südwestflanke gibt es

Der Cristallo di Mezzo von Westen. Das Foto zeigt fast den gesamten Verlauf des Klettersteiges, der erst durch die Schrofen im Vordergrund zu dem Schuttband hinaufführt, um dann direkt über die steile Kante den Grat und Gipfel zu erreichen.

einen richtigen Klettersteig, steil und luftig, gut gesichert, eine schöne Route, die auch dem Verwöhnten Spaß macht, aber kein großes, dramatisches Unternehmen darstellt.
Schwierigkeiten: Steiler, teilweise ausgesetzter Klettersteig mittlerer Schwierigkeit.
Talort: Cortina, 1210 m.
Ausgangspunkt: Campingplatz Olympia, 4 km nördlich von Cortina an der Straße nach Toblach, jedoch auf der anderen Seite der Boite.
Zugang: Auf dem Weg Nr. 408 durch Wald in den Passo Posporcora, 1711 m.
Abstieg: Erst nach Norden, dann steil durch die Ostflanke.
Gehzeiten: Aufstieg 2¾ Std., Abstieg 1½ Std.

119

Punta Fiames, 2240 m

Klettersteig Michielli-Strobel

Wie eine Schutzmauer schließt der breite, von vielen Türmen gekrönte Zug der Pomagagnon das Talbecken von Cortina gegen Norden ab. Die linke Ecke des Kammes fällt als feine Spitze besonders ins Auge. Das ist die Punta Fiames, ein beliebter Kletterberg mit hervorragendem Fels und gleichzeitig das Ziel des gesicherten Steiges Michielli-Strobel. Er zieht durch eine 600 Meter hohe Flanke, die teilweise mit Latschen, häufig mit Gras bewachsen ist, die aber zwischendurch auch steile Stufen bildet, an denen dann dem Begeher gute Drahtseile weiterhelfen. Der Steig führt ausgesprochen rasch und unmittelbar empor; keine Böden, keine Täler bremsen das Höherkommen. Dank der sonnigen Westlage kann auch dieser Weg — ähnlich wie der Bovero-Klettersteig am Col Rosa — bald nach Schlechtwetter wieder begangen werden (jedoch Vorsicht bei Nässe!).
Schwierigkeiten: Eine hohe, sehr steile Stufe, sonst nur mäßig schwierig.
Talort: Cortina, 1210 m.
Ausgangspunkt: Ehemalige Eisenbahnhaltestelle Fiames, 1340 m; von Cortina 3 km Richtung Toblach, dann rechts ab und auf Sandstraße zum Ausgangspunkt; von dort auf einem Fußweg zu den Felsen.
Abstieg: Nordostwärts hinab in die nahe Forcella Pomagagnon und über die große Schuttreiße zurück ins Tal.
Gehzeiten: Aufstieg 2¾ Std., Abstieg 1½ Std.

120

Cristallo di Mezzo, 3154 m

Spritztour auf einen hohen Berg

Schneller geht's nicht mehr! Wer will, kann in einer Stunde einen schönen, großen Dolomiten-Dreitausender über einen reizvollen Klettersteig erstürmen. Die lange, zweiteilige Liftanlage hinauf zur Forcella de Staunies macht es möglich; mühelos erreicht der Gipfelhungrige in 2890 Meter Höhe den hier schmalen und wildgescharteten Cristallo-Hauptkamm. Und die anschließende Via ferrata Marino Bianchi bietet in rascher Folge all das, was einen Klettersteig interessant und abwechslungsreich macht. Es gibt dabei auch zwei senkrechte Stufen, die schon einige Klettergewandheit verlangen (man kann den ganzen Gipfelaufbau jedoch rechts auf Bändern umgehen). Wem diese Tour nicht reicht, dem stehen als „Verlängerung" die Routen 121 und 122 offen.
Schwierigkeiten: Gut gesicherter Steig mit zwei sehr steilen Stufen, große absolute Höhe.
Talort: Cortina, 1210 m.
Ausgangspunkt: Forcella de Staunies, dorthin von der Westrampe der Tre-Croci-Straße mit Liften; direkt oberhalb der Scharte das Rifugio Lorenzi, 2932 m, privat, bew.
Abstieg: Am schönsten auf Route 121.
Gehzeit: Gipfelanstieg 1¼ Std.

121

Cristallino d'Ampezzo, 3008 m

und Abstieg auf dem Dibona-Höhenweg

Von der Forcella de Staunies zieht der Cristallo-Hauptkamm noch etwa vier Kilometer nach Westen, wird dabei von Stufe zu Stufe niedriger, und die Felswände nehmen immer mehr an Höhe und Wildheit ab. An diesem Kamm — einem der heißumkämpften Kriegsschauplätze — führt der Sentiero Ivano Dibona entlang, teils ein gesicherter Steig, teils ein Weg in harmlosem Gelände, stets jedoch begleitet von einem ganz

◄◄ Blick vom Cristallo di Mezzo auf die Forcella de Staunies mit der Lorenzihütte. Links die schwankende Hängebrücke, die den Zugang zum Cristallino d'Ampezzo ermöglicht.

großartigen Ausblick. Kurz nach der Stauniesscharte wartet der Weg mit einem besonderen Clou auf: eine 27 Meter lange Hängebrücke überspannt eine tiefe Felsschlucht; dieser Himmelssteg beginnt beim Betreten beängstigend zu schwanken. Etwas später zweigt vom Dibonasteig eine „Stich"-Ferrata ab, auf der man in zehn Minuten zum kleinen Gipfel des Cristallino d'Ampezzo hinaufturnen kann. Vorbei an vier weiteren Gipfeln, die sich alle leicht „mitnehmen" lassen, führt dann der Weg noch weit, weit nach Westen; man steigt dabei allmählich in immer tiefere Regionen ab.

Schwierigkeiten: Gut gesicherter Weg, teilweise ausgesetzt.

Talort: Cortina d'Ampezzo, 1210 m.

Ausgangspunkt siehe Tour 120.

Abstieg: Diese Route wird nur im Abstieg begangen. Man kommt bei Ospitale an der Straße Cortina — Toblach heraus und muß mit dem Bus zurückfahren. Oder man steigt von der Forcella bassa nach Süden zu den Wiesen von Padeòn ab und kehrt über den Sattel von Somforca ins Liftgebiet zurück (viel kürzer).

Gehzeit: Forcella de Staunies — Ospitale 3½ bis 5 Std.

122

Via ferrata Renè de Pol

Nördliche Variante zum Dibona-Höhenweg

Dem westlichen Cristallokamm ist nördlich die Foramegruppe vorgelagert, ein zerborstenes Felsgebiet, das von dem Renè-de-Pol-Steig durchzogen wird. Dieser führt — stets gut gesichert — über mehrere Abbrüche durch eine sonst völlig unberührte Landschaft (die jedoch Kampfgebiet im Ersten Weltkrieg war). Die geringste Mühe bereitet diese Route, wenn man sie von der Forcella de Staunies aus begeht — und zwar sollte man noch auf dem Dibonasteig den ersten Gratgipfel (nördlich des Cristallino d'Ampezzo, siehe Tour 121) überschreiten, um erst aus der Forcella Grande über die weiten Böden zur Forcella Verde abzusteigen. Dort beginnt dann der eigentliche Renè-de-Pol-Steig.

Schwierigkeiten: Gut gesicherte Anlage, mittelschwer.

Talort und Ausgangspunkt siehe Tour 120.

Abstieg: Auch diese Route begeht man meist im Abstieg; man erreicht auch hier bei Ospitale das Tal.

Gehzeit: 5 bis 6 Std.

123/124

Paternkofel, 2746 m

Der Gipfel mit den drei Möglichkeiten

Von Norden gesehen gehört der Paternkofel zu den ausgesprochen stolzen Dolomitenzinnen. Unter dem glatten Gipfelturm setzen zwei wildgezackte Grate an, und niemand mag bei diesem Anblick glauben, daß die Wege an diesen Felsschneiden entlangführen. Ja, die drei Anstiege gehören nicht einmal zu den richtigen Vie ferrate, es sind — teilweise sogar nur spärlich — gesicherte Steige. Im Ersten Weltkrieg wurde manches der waagrechten Bänder zu recht guten Versorgungswegen ausgebaut, und wo die Abbrüche allzusehr den Weg versperrten, schuf man kurzerhand Kavernen und Tunnel. So gehört zur Paternkofelausrüstung des heutigen Bergsteigers auf jeden Fall eine gute Taschenlampe. Doch etwas anderes hebt diese Gipfeltour aus dem Üblichen hervor: die unmittelbare Nähe der Drei Zinnen, 2999 m, mit ihren mauerglatten Nordwänden, eine der eindrucksvollsten Szenerien in den Alpen. Kein Wunder also, daß unten auf den Wanderwegen ein ameisenartiges Gewimmel herrscht, das von der Auronzohütte (Autozufahrt auf einer sündteuren Mautstraße) über den Paternsattel bis zur Drei-Zinnen-Hütte reicht.

Nun ein paar nüchterne Angaben zu den drei Wegen.

Vom Paternsattel: Ein kurzer Tunnel und stark überdachte Bänder leiten durch die Westwand des Paßportenkopfes in die gleichnamige Scharte, es folgt ein weiteres Band, dann führen Schutthänge in die Gamsscharte. Über eine schöne, gut gesicherte Felsstufe erreicht man die Gipfelabdachung, die aus Schutt und Schrofen besteht.

Von der Drei-Zinnen-Hütte, 2405 m, CAI, bew.: Ein sehr langer Tunnel vermittelt den Zugang zur schrofigen Nordostflanke, durch die man diagonal zur Gamsscharte aufsteigt (häufig Schnee in der Rinne).

Sentiero delle Forcelle: Von der Gamsscharte quert der Steig auf Bändern unter den sehr zerklüfteten und reichlich brüchigen Gamsspitzen südlich hindurch (viele leichte Kletterstellen ohne

Sicherungen), zieht dann hinab zur Seescharte (Forcella dei Laghi) und umgeht die Bödenknoten südlich zur Büllelejochhütte, 2547 m, privat, bew. Von der Seescharte kann man auch über die Felder aus feinem Schutt nach Norden „abfahren“.

Schwierigkeiten: Relativ einfache, gesicherte Steige.

Talort: Misurina, 1745 m.

Ausgangspunkt: Auronzohütte, 2320 m, CAI, bew., Zufahrt auf teurer und steiler Mautstraße (16 %).

Rundtour: Beliebig auf zwei der drei Routen.

Gehzeiten: Parkplatz — Paternsattel 35 Min., direkter Aufstieg über Paßportenscharte gut 1 Std., über Drei-Zinnen-Hütte ab Paternsattel 1¾ Std.

125 / 126

Toblinger Knoten, 2617 m

Der Leiternweg

Selbst in den Dolomiten mit ihrem schier unendlichen Formenreichtum gehört der Toblinger Knoten noch zu den Besonderheiten. Wie ein dicker Daumen ragt dieser Felsturm gut 100 Meter aus den ihn umgebenden Böden völlig alleinstehend empor, ein Daumen, der jedoch bis zur Hälfte gespalten ist. Er eröffnet zudem den allerschönsten Blick auf die Nordwände der Zinnen und auf die anderen Gipfel rundum. Die beiden gesicherten Routen vermitteln fast entgegengesetzte Erlebnisse. Die Nordseite mit der endlosen Folge von Leitern (17!) ist eine Wand von fast beängstigender Steilheit, geeignet für all jene, die den Nervenkitzel lieben; in der Ostflanke hingegen erwartet den Gipfelstürmer ein gut gesicherter Steig in mittelsteilem Fels, über den das Emporturnen Spaß macht, ohne daß Angst aufkommt.

Schwierigkeiten: Nordseite überaus steile Wand, nur für absolut Schwindelfreie, Ostflanke Klettersteig ohne Probleme.

Talort und Ausgangspunkt siehe Tour 123.

Zugang: Von der Auronzohütte über den Paternsattel zur Drei-Zinnen-Hütte, 2405 m, CAI, bew., 1¼ Std.

Rundtour: Aufstieg über Nordwand, Abstieg über Ostflanke, anschließend evtl. weiter zum Paternkofel, siehe Tour 123 / 124.

Gehzeit: 1 Std. Aufstieg.

127

Alpinisteig

Strada degli Alpini — ein klassischer Dolomitensteig

Strada degli Alpini — die Bezeichnung „Straße“ paßt zu diesem schmalen Felspfad etwa so gut wie das Wort Tiger zu einer normalen Hauskatze. Vielleicht bezieht es sich nur auf die Zahl der Begeher; über Einsamkeit wird sich hier an schönen Hochsommertagen niemand beschweren können. Doch bei einer Weglänge von mehr als vier Kilometern ist ja auch reichlich Platz für viele Menschen. Jeder kennt die Fotos vom Alpinisteig, auf denen sich die Bergsteiger rechts und links einer wilden Felsschlucht gegenüberstehen. Doch das ist nur ein Motiv; lange Zeit quert der Steig auch über Geröllfelder und Firne, ja, das einfache Gelände überwiegt gegenüber den Felszonen. Die ganze Tour ist überhaupt relativ unproblematisch, so lange nicht allzu viel Schnee die Rinnen und Schluchten verkleistert. Der Weg gliedert sich in drei Abschnitte. Vom Inneren zum Äußeren Loch quert man um einen dicken Felsriegel, wobei das Salvezzaband inmitten himmelhoher Steilwände für den besonderen Kitzel sorgt. Dann leiten Geröllflächen, Schneefelder und weitere Bänder zur Elferscharte, 2600 m (der Steig zieht etwas oberhalb vorbei), hinüber, und schließlich folgt als anspruchsvollstes Wegstück (gut gesichert) die Querung durch die zerklüftete Nordflanke des Elfers, 3092 m, bis zur Sentinellascharte, 2717 m, dem höchsten Punkt des Weges. Bei allzu viel Schnee oder Eis im Nordabschnitt des Alpinisteiges kann man auch schon bei der Elferscharte den Originalweg verlassen und ins Fischleintal absteigen.

Schwierigkeiten: Gut gesicherter Steig, meist querend; Probleme stark von den Schneeverhältnissen abhängig.

Talort: Sexten, 1316 m.

Ausgangspunkt: Rotwandwiesen oder Zsigmondy-Comici-Hütte, 2224 m, CAI, bew., dorthin Aufstieg aus dem Fischleintal in 2½ Std.

Rundtour: Rotwandwiesen — Sentinellascharte — Alpinisteig — Zsigmondy-Comici-Hütte — Fischleintal (oder umgekehrt).

Gehzeiten: Rotwandwiesen — Zsigmondy-Comici-Hütte 5 Std. (Hütte — Sentinellascharte 3 Std.).

Dieses Szenen-Foto von der Via ferrata Roghel in den südlichen Sextener Dolomiten demonstriert recht eindrucksvoll die Gefahren vieler Klettersteige: brüchiges Gestein, mit Schnee oder Eis gefüllte Rinnen und sehr viele Bergsteiger, durch die die Steinschlaggefahr stark anwächst.

128 / 129

Cengia Gabriella – Via ferrata Roghel

Einsames, urtümliches Felsrevier

Diese Doppelroute drängt einem kritische Gedanken zum Wert oder Unsinn von Klettersteigen geradezu auf. Die zerklüftete, völlig urtümliche Felswildnis der südöstlichen Sextener Dolomiten zwischen der Cima Bagni, 2983 m, und den Monti Giralba wurde früher nahezu nie betreten, jetzt führt ein Klettersteig, der immer mehr Begeher anlockt, durch die einstige Einsamkeit. Zerstörung der Ursprünglichkeit oder Erschließung neuer Möglichkeiten? Es ist ein Gang durch eine ernste, bizarr zerklüftete und rostrote Felswildnis, eine Welt aus Wänden, Türmen, Zacken und gewaltigen Geröllmassen. Bei der ersten Hälfte des Weges, der Cengia Gabriella, sind die Felsbänder (mit Kriechstelle) das Dominierende, im zweiten Teil geht es mehr durch tief eingeschnittene, mit Schutt und Schnee gefüllte Schluchten. Unterhalb der Forcella di Stallata bricht das Gelände bei einem Klemmblock 20 Meter tief ab; hier steigt man auf Leitern absolut senkrecht — wie an der Außenseite eines Kirchturms — in die Tiefe: Keine Stelle für Ängstliche! Es handelt sich überhaupt um eine lange und anspruchsvolle Route, steinschlagbedroht und oft durch Schnee in den Rinnen erschwert, eine Tour, die sich zudem durch das Auf und Ab in die Länge zieht.

Schwierigkeiten: Gut gesicherte Steige mit besonders steilen Stellen, nur für Erfahrene; Schneepassagen, nur bei einwandfreiem Wetter ratsam.

Talort: Sexten, 1316 m.

Ausgangspunkt: Rifugio Carducci, 2297 m, CAI, bew. (herrliche Lage unter dem Zwölferkofel, 3094 m), Zugang durchs Fischleintal und an der Zsigmondy-Comici-Hütte vorbei über das Giralbajoch, 3½ Std.

Rundtourmöglichkeiten: Vom Ende der Tour bei der Bertihütte Rückkehr am nächsten Tag über die Rotwand nach Sexten möglich. Man kann auch das gesamte Elfermassiv umrunden, wenn man diese Tour mit dem Alpinisteig (Tour 127) kombiniert.

Gehzeit: Für beide Steige bis Rifugio Berti 5 Std.

130

Sextener Rotwand, 2938 m

Der Berg der Überraschungen

Schaut man von Sexten oder Moos hinauf zur Rotwand, so scheint dieser große Felsberg ganz einfach und logisch aufgebaut zu sein. In der Mitte der Nordflanke ist wie der Daumeneindruck eines Riesen ein Kar eingelagert, durch das der Anstieg führt. Je mehr man sich aber dem Berg nähert, desto gewaltiger, unübersichtlicher, zerrissener wird das Massiv, da gibt es Kare und Schluchten, Seitenkämme, Zacken und Türme. Und der Gipfel selbst steht nicht etwa über dem erwähnten Kar, es liegt noch ein Grat von der Länge eines vollen Kilometers dazwischen! Aber gerade dieses stark gegliederte Gelände sorgt für reiche Abwechslung und manche Überraschung und macht diesen relativ einfachen Steig zu einer wirklich spannenden Route. Er endet zudem nur auf dem Nordgipfel und nicht auf dem höchsten Punkt, 2965 m. Das Besondere an der Aussicht ist der freie Blick nach Osten auf die Karnischen Alpen und ihre unerwartet wilden „Voralpen“ (eine unglückliche Bezeichnung). Noch ein Hinweis: Im unteren Teil gibt es zwei Varianten, die interessantere führt über die Rotwandköpfe.

Schwierigkeiten: Einfacher, gesicherter Steig mit einer etwas anspruchsvolleren Stelle, Schneeflächen.

Talort: Sexten, 1316 m.

Ausgangspunkt: Rotwandwiesen, 1900 m, Zufahrt mit Lift von Moos aus.

Abstieg: Gleiche Route (Varianten) oder auf Route 131.

Gehzeit: Lift — Nordgipfel mindestens 3 Std.

131

Sextener Rotwand, 2938 m

Zandonella — der Superklettersteig

Die Via ferrata Mario Zandonella ist als Rundweg angelegt. Der Aufstieg in der Südwestseite der Rotwand führt über ausgesprochen steile Wände, die oft nur mit einem straff gespannten Drahtseil gesichert sind, eine Angelegenheit für

Verfallende Stellungen aus dem Dolomitenkrieg bilden die – makabre – Kulisse der Via ferrata Zandonella.

Leute mit viel „Schmalz" in den Armen, die aber auch klettergewandt sein müssen und wegen der tiefen Abgründe gute Nerven brauchen. Wer es sich leisten kann, geht die Route nach einem Aufstieg wie bei Tour 130 im Abstieg, das ist eleganter, kein so ausgeprägter Kraftsport, und man kehrt dann über die Sentinellascharte (evtl. nordseitig steiler Schnee!) nach Sexten zurück. Allerdings gehört auch der Zugang von Osten durch die Vallone Popera, in die sich nur selten deutschsprechende Bergsteiger verirren, wegen der gewaltigen Felslandschaft — bis zu 800 Meter hohe Wände an der Hochbrunner Schneide und dem Elferkofel, 3092 m — zu den großen Dolomiten-Erlebnissen. Man geht dann die schon beschriebene Südwestroute im Aufstieg und klettert über den Südoststeig wieder hinab. Er wartet ebenfalls mit ein paar recht steilen Stellen auf, dazwischen gibt es jedoch auch viel Schnee und Geröll.

Schwierigkeiten: Einer der anspruchsvollen und recht steilen Klettersteige der Dolomiten, etwa 250 m Wandhöhe.

Talort: Sexten, 1316 m.

Ausgangspunkt: Entweder Rotwand (siehe Tour 130) oder Bertihütte (Rifugio Berti), 1950 m, CAI, bew., dorthin von Sexten über den Kreuzbergsattel nach Valgrande und weiter zur Lunellihütte auf Selvapiana, 1568 m, dann in 1 Std. zu Fuß empor zur Bertihütte.

Rundtour: Entweder Aufstieg von Norden und Abstieg auf der Zandonella-Südwestroute und Rückkehr über Sentinellascharte; oder Aufstieg über die Zandonella-Südwestroute und Abstieg auf der Südostroute.

Gehzeit: Bertihütte — Gipfel 3 Std.

Fünf Tage in den Sextener Dolomiten

Unsere Doppelschleife erschließt den zentralen Teil der Sextener Dolomiten, eine Landschaft der großen Gegensätze mit weiten, teils seengeschmückten Böden, über denen ungewöhnlich steil und gewaltig die ganz großen Felsberge aufragen. In diesen fünf nicht allzu anstrengenden Tagen wird alles eindrucksvoll serviert, was es hier zu bewundern gibt. Und dazu gehören vor allem die berühmten Gipfel wie die Drei Zinnen, der Zwölfer- und der Elferkofel, die Dreischusterspitze, 3145 m — aber auch neun gesicherte Steige.

1. Tag: *Sexten — Alpinisteig — Zsigmondy-Comici-Hütte.* Die Sentinellascharte erreicht man am schnellsten von den Rotwandwiesen. Dann weiter wie bei Tour 127. Mindestens 5 Std.

2. Tag: *Oberbachernspitze — Paternkofel — Drei-Zinnen-Hütte.* Als Vorspeise sollte man über die weiten, steinigen Hochflächen zur *Oberbachernspitze,* 2675 m, einem idealen Aussichtsbalkon mit steiler Wand nach Norden, hinüberwandern, bevor man dann das Büllelejoch ansteuert. Von dort geht es über die Via ferrata delle Forcelle (Tour 124) auf den Paternkofel und auf der Nordroute durch die Kaverne hinab zur Drei-Zinnen-Hütte. Es bleibt dann noch Zeit für einen Abstecher auf den Toblinger Knoten (Tour 125). 5 bis 6 Std.

3. Tag: *(Evtl. Schusterplatte) — Zsigmondy-Comici-Hütte — Carduccihütte.* Die Schusterplatte, 2957 m, wäre wahrlich ein stolzes Ziel für den Vormittag, ein Berg, der ein wenig aus dem üblichen Rahmen fällt (nur kleiner Steig) und deshalb auch nicht so überlaufen ist. Der Pfad führt über den Innichriedel ins gleichnamige Kar und leitet dann auf viel Schutt und Sand — wie es in den Dolomiten so üblich ist —, aber auch über ein paar Schrofen bis unter die Altensteinscharte und biegt hier nach links zum plateauartigen Gipfel (Name!) ab. Der Rückweg erfolgt auf der gleichen Route. Am Nachmittag bummelt man dann in aller Ruhe an den Seen vorbei zum Büllelejoch hinüber und weiter zum scharf eingekerbten Giralbajoch, hinter dem man bald die Carduccihütte erreicht. Insgesamt 5½ bis 7 Std.

4. Tag: *Cengia Gabriella — Via ferrata Roghel — Bertihütte.* Siehe Tour 128/9. 5 Std.

5. Tag: *Sextener Rotwand — Sexten.* Auf einem der beiden Zandonellasteige auf die Rotwand (Tour 131) und über den Normalweg (Tour 130) hinab nach Norden und ins Tal von Sexten. Insgesamt etwa 5 Std.

132

Nordöstliche Cadinspitze, 2790 m

Via ferrata Merlone und Sentiero Bonacossa

Die Cadinspitzen, die nächste Berggruppe südlich der Drei Zinnen, sind selbst für Dolomitenverhältnisse ungewöhnlich zerklüftet, sie bilden einen Wald aus Felstürmen jeder Größe bis hinab zu einer Höhe von wenigen Metern. Aus diesem Gewirr ragt in der Mitte ein Dreige-

◄◄ *Das Tal von Sexten wird im Süden von einer gewaltigen Bergkulisse abgeschlossen. Das Foto zeigt links Rotwand und Elferkofel mit leichten Nebelkappen, während der Zwölferkofel, 3092 m, ganz frei im Talhintergrund steht; rechts schließt das Massiv von Einserkofel und Oberbachernspitze an.*

stirn deutlich heraus, das auch den Hauptgipfel der Gruppe, die Cima Cadin di San Lucano, 2839 m, trägt. Durch eine tief eingehauene Scharte von ihr getrennt wächst daneben die Nordöstliche Cadinspitze steilwandig und schlank empor, eine wilde Dolomitenzinne und doch ein Berg für „Otto Normalverbraucher". Die reinste Feuerleiter — sechzehnteilig — zieht recht unmittelbar empor, im mittleren Teil ist sie ausgesprochen steil und luftig, und sie wird vom Steinschlag-Sperrfeuer bestrichen, sobald im Gipfelbereich andere Bergsteiger unterwegs sind. Wer das Turnerische liebt, dem gefällt diese Via ferrata Merlone. Wer jedoch noch mehr von der bizarren Welt der Cadinspitzen sehen will, begeht stattdessen oder zusätzlich den Sentiero Bonacossa, einen Höhenweg über fünf Scharten, der immer wieder mit Klettersteigpassagen aufgelockert ist — ein Aussichtsweg der Extraklasse! Er überquert nicht weniger als fünf Scharten, verläuft erst westlich des höchsten Kammes, dann auf seiner Ostseite und führt genau auf die Drei Zinnen zu.

Schwierigkeiten: Via ferrata Merlone üppig gesichert, teilweise jedoch sehr ausgesetzt, Steinschlaggefahr; Bonacossaweg ohne Probleme, nur hin und wieder gesichert.

Talort: Misurina, 1745 m.

Ausgangspunkt: Capanna Col de Varda, 2115 m, privat; Zufahrt mit Sessellift. Oder direkt von Pian degli Spiriti zur schmucken Fonda-Savio-Hütte, 2359 m, CAI, bew. am Fuß des Gipfels.

Rundtour: Auf dem Bonacossaweg zur Fonda-Savio-Hütte, Abstecher auf die Cadinspitze, weiter auf dem Höhenweg zum Sattel unter der Auronzohütte und auf dem Weg Nr. 101 nach Misurina.

Gehzeiten: Gesamter Bonacossaweg 3½ Std., Gipfelaufstieg 1¼ Std., Abstieg nach Misurina 1½ Std.

133 / 134 / 135

Im Massiv des Sorapis

Drei Steige für Erfahrene und Starke

Dieses Bild gehört zu den beliebtesten Fotomotiven überhaupt: Im Vordergrund der tiefblaue Misurinasee mit seinen — häßlichen — Hotelkästen und dahinter ein gewaltiges, halbrundes Felskastell mit hohen, hellen Kalkmauern und kleinen Gletschern über einem Karboden. So beliebt der Sorapis, mit seiner Höhe von 3205 Metern immerhin einer der Dolomiten-Hauptgipfel, als Fotomotiv ist, so stiefmütterlich behandeln ihn die Bergsteiger. Am häufigsten werden noch die Wege begangen, die rund um das Hauptmassiv verlaufen und mit ein paar attraktiven Kletterstellen gewürzt sind. Einen richtigen Klettersteig, der zudem nur an steilen Stellen gesichert ist, also schon einiges Können erfordert, bietet die Nordwestseite der Croda del Fogo mit der Via ferrata Vandelli. Steile Wandstellen, Schluchten und ein langes Bandsystem sind die Hauptmerkmale. Es lohnt sich durchaus, von der Vandellihütte aus nur diesen Steig bis zu seinem höchsten Punkt (etwa 2400 m) und zurück zu begehen. Mit der Gesamtumrundung ist das nämlich so eine Sache: Entweder marschiert man zehn bis zwölf Stunden lang oder man übernachtet nicht gerade komfortabel in einer der beiden Biwakschachteln (Bivacco Comici, 2000 m, im Osten, Bivacco Slataper, 2600 m, im Süden, möglicherweise kein Wasser). Man muß auch auf einwandfreies Wetter warten, die Gefahr des Verirrens wäre bei Nebel allzu groß, und nicht zuletzt sollte man eine solide Trittsicherheit und einige Geschicklichkeit mitbringen, um in diesem Gelände auch wirklich rasch von der Stelle zu kommen. Zwischen den beiden Biwakschachteln folgt man dem Sentiero Minazio meist quer durch die Flanken und stets von großartigen Ausblicken begleitet. Besonders eindrucksvoll jedoch ist der Westabschnitt der Runde, die Via ferrata Berti, durch die gewaltigen, bis zu 1800 Meter hohen, rostroten und zerklüfteten Abstürze der Croda Marcora, 3154 m, mit ihren Schutterrassen und einer fast beängstigend tief eingefressenen Schlucht, deren Seitenwände mit allen Klettersteigschikanen überlistet werden. Zum Abschluß folgt noch ein weiteres eindrucksvolles Bild: die Tondi di Sorapis, ein düster-ernster Felskessel mit auffallenden Höckern, die von den ehemaligen Gletschern so rund geschliffen worden sind.

Schwierigkeiten: Recht alpine Steiganlage, ausgesprochen lang und weitabgelegen, bergsteigerische Erfahrung notwendig, teilweise steinschlaggefährlich.

Talort: Cortina, 1210 m.

Ausgangspunkt: Rifugio Vandelli, 1929 m, CAI, bew., in herrlicher Lage an einem Bergsee zu Füßen des Sorapis; Fußweg vom Passo Tre Croci, 1½ Std.

Gehzeiten: Rifugio Vandelli — Bivacco Comici 3 Std., weiter zum Bivacco Slataper 5 Std., zurück zum Rifugio Vandelli über die Via ferrata Berti 3½ Std.

Eine der schönsten Stellen in den Alpen: der Coldaisee, überragt von den Felstürmen des nördlichen Civettamassivs (Torre Coldai und Torre d'Alleghe).

136

Civetta, 3220 m

Via ferrata degli Alleghesi

Die Civetta beherrscht den Südosten der Dolomiten. Diese gut fünf Kilometer breite und bis zu 1200 Meter hohe Felsmauer ist wohl die gewaltigste Wandflucht der Dolomiten und das Mekka aller Felskletterer der scharfen und schärfsten Richtung. Aber selbstverständlich hat auch die Civetta eine „Rückseite", und diese lockt die guten und ausdauernden Klettersteigliebhaber. Auch hier, auf der Ostseite, dominiert der Fels, es sind hohe, helle Wände über weiten Karbuchten, weniger steil und stärker gegliedert und ohne das Düster-Unnahbare der Nordwestwände. Der Alleghesi-Klettersteig führt über den breiten Ostpfeiler der Punta Civetta. Er gehört zu den gut gesicherten Routen, führt jedoch teilweise durch überaus steiles Felsgelände. Gleich zum Auftakt muß man an Stiften und Klammern an einer leicht überhängenden Wandstufe emporturnen. Wer diesen Test besteht, kann sich mit Ruhe an den noch sehr, sehr langen Weiterweg machen. Volle 900 Höhenmeter ist man im Fels unterwegs. Neben der Punta Civetta erreicht man den Grat, schaut ehrfürchtig über die Nordwand hinunter und klimmt dann im weniger steilen Gelände über die *Punta Tissi,* 2992 m, zum alles überragenden Gipfel hinauf.

Schwierigkeiten: Großartige, aber anspruchsvolle Anlage in teilweise sehr steilem Gelände, nur an den schwierigen Stellen gesichert, sehr lang.

Der Costantini-Klettersteig im Bereich der Moiazza Sud führt durch teilweise sehr steilen Fels und ist dabei meist durch ein vorzügliches Drahtseil, doch selten durch Stifte und Klammern gesichert. Deshalb gehört er zu den anspruchsvollsten Vie ferrate überhaupt.

Ausgangspunkt: Rifugio Coldai, 2135 m, CAI, bew. Von der Südrampe des Staulanzapasses, der das Cordevoletal mit dem Tal von Zoldo verbindet, auf Stichstraße zur Casera di Pioda, 1850 m, und dann auf breitem Weg in ¾ Std. zur sehr beliebten Hütte.
Zugang: Von der Coldaihütte nach Süden quer durch weite Kare zum Einstieg.
Abstieg: Normalweg (Tivanweg) vorbei am Rifugio Torrani, 2984 m, CAI, zeitweise einfach bew., und zurück zur Coldaihütte, teilweise gesichert; evtl. auch auf dem Tissiweg (siehe Tour 137).
Gehzeiten: Coldaihütte — Gipfel 4 bis 5 Std., Abstieg 2½ bis 3 Std.

137

Civetta, 3220 m

Via ferrata Tissi

Ein bißchen Verwirrung muß sein: Es gibt zwei Klettersteige zur Civetta, einen von Norden, einen von Süden; der erste heißt Via ferrata degli Alleghesi und überquert die Punta Tissi, der andere, Via ferrata Tissi, berührt aber den gleichnamigen Gipfel nicht. Bei dieser Route braucht man zwar nur eine Wand von 300 Meter Höhe zu überwinden, aber die hat es in sich und kommt nur für erfahrene Felstiger in Frage. Überaus steile, abdrängende Passagen erfordern ein hohes Maß an Geschicklichkeit und Kraft, zudem kann die viele Luft unter den Fußsohlen den Unerfahrenen ganz schön ängstigen. Der Ausgangspunkt, die Vazzolerhütte im Süden der Civetta, liegt sehr malerisch am Fuß der Superkletterziele Torre Venezia und Torre Trieste inmitten eines Lärchenwaldes — also sehr weit vom Gipfel entfernt (mindestens 5 Std.). Wie wäre es deshalb mit einem Aufstieg auf dem Alleghesiweg und einem Abklettern der Tissi-Ferrata? Nach einer Nacht auf der — recht beliebten — Vazzolerhütte kehrt man dann auf dem Höhenweg Nr. 1, einer der bekanntesten und eindrucksvollsten Dolomitenwanderungen, mit Abstecher zum Col Rean, 2281 m, und zur Tissihütte, dann weiter längs der großen Nordwestwände, schließlich an Coldaisee und -hütte vorbei zum Auto.
Schwierigkeiten: Sehr steil und anspruchsvoll, zeitweise wasserüberronnen.
Talort: Agordo, 613 m.
Ausgangspunkt: Entweder Civetta (siehe Tour 136) oder Rifugio Vazzoler, 1752 m, CAI, bew.; von Agordo mit Pkw bis zur Capanna Trieste, dann zu Fuß in 1½ Std. zur Vazzolerhütte.
Tourenmöglichkeiten: Entweder Abstieg vom Gipfel über den Tissisteig und Rückkehr zur Coldaihütte auf dem Höhenweg Nr. 1, oder Auf- und Abstieg über die Tissiroute. Auch ein Weiterweg zur Moiazza (Tour 138) ist möglich.
Gehzeiten: Civetta — Vazzolerhütte 2½ bis 3½ Std., im Aufstieg 5 bis 6 Std.

138 / 139

Moiazza Sud, 2878 m

Via ferrata Costantini — das Nonplusultra

Über die Via ferrata Gianni Costantini wird in den höchsten Tönen geschwärmt, „schönster Klettersteig der Dolomiten" ist dabei noch der bescheidenste Ausspruch. Doch Vorsicht! Manchem ist diese Route als „größte Zitterpartie" in der Erinnerung geblieben. Vor allem der erste Teil des Weges durch die 900 Meter hohe Südwand der *Cresta delle Masenade,* 2740 m, hat mit dem Begriff „Steig" nichts mehr zu tun. Das ist eine steile Wand mit senkrechten Stellen, und beim Klettern hilft einem ausschließlich ein vorzüglich gespanntes Drahtseil, während Stifte und andere Steighilfen fehlen. So muß man sich an der sogenannten Schlüsselstelle im lotrechten und noch dazu abwärts geschichteten Fels am Drahtseil schräg emporhangeln, die Schuhe dabei nur auf Reibung eingesetzt. Ein richtiger Kraftakt! Also: nur echte Kletterer, doch keine Bergwanderer haben hier etwas zu suchen. Auf den Könner jedoch wartet ein wirklich eindrucksvolles Unternehmen, eines der anspruchsvollsten und längsten dieser Art überhaupt. Denn nach dieser ersten Riesenwand folgt noch ein Grat von 1,8 Kilometer Länge, der Abstecher auf die Moiazza Sud, den Hauptgipfel dieses ganzen Bergmassives, die Querung auf der Cengia Angelini in der obersten Südwand und der lange, lange Abstieg auf dem Westteil des Klettersteiges.
Wo muß man nun die Moiazza suchen, dieses zweiteilige Felsmassiv, das vor der Errichtung des Klettersteig-Rundweges vollkommen einsam und unbekannt war? Der sechs Kilometer lange Kamm schließt südlich an die Civetta an und läuft am Duranpaß aus.
Schwierigkeiten: Überaus steil, nur Drahtseile, besonders lang, einer der an-

sprüchsvollsten Klettersteige überhaupt, Ostroute schwieriger als Westweg.
Talort: Agordo, 613 m.
Ausgangspunkt: Rifugio Carestiato, 1834 m, CAI, bew., 1 Std. vom Passo Duran, 1605 m, der Verbindung zwischen Agordo und dem Tal von Zoldo.
Die Rundtour: Über den Ostteil des Klettersteigs auf die Cresta delle Masenade, Übergang zum südlichen Moiazzagipfel, Abstieg in die Forcella delle Nevere mit der Biwakschachtel, 2601 m, dann auf dem Westweg durch die große Schlucht Lavina dei Cantoi hinab und zurück zur Hütte.
Gehzeit: Insgesamt 7 bis 8 Std.

140

Monte Schiara, 2565 m

Via ferrata Marmol und Ostanstieg

Wohl jedem Klettersteigfreund ist das Wort Schiara (sprich Skiàra) geläufig, doch die meisten können sich darunter nichts Konkretes vorstellen. Deshalb hier eine ganz kurze Einführung. Etwa 25 Kilometer südlich des Monte Pelmo ragt als letztes großes Dolomitenmassiv zwischen den Flüssen Piave und Cordevole die Schiaragruppe auf, benannt nach ihrem 2565 Meter hohen Hauptgipfel. Danach fällt das Gelände rasch gegen das Tal von Belluno ab. Auf engstem Raum gibt es hier vier Klettersteige der Extraklasse — alle in nächster Nähe des Monte Schiara —, die durch die gewaltigen Felswände und das teilweise ungemein zerklüftete Gelände, eine Landschaft von wilder Ursprünglichkeit, ihren besonderen Reiz bekommen. Ein Steig führt zum Ostgrat des Monte Schiara, die Via ferrata Marmol. Tief eingeschnittene Rinnen und Schluchten sind ihre besonderen Merkmale. Man steigt diagonal nach rechts über die Schiara-Südflanke zum Bivacco Marmol hinauf und folgt dann in einem wesentlich einfacheren Gelände — herrliche Ausblicke bis zur Adria! — dem Gratrücken zum völlig freistehenden Gipfel.
Schwierigkeiten: Anspruchsvoller Klettersteig, teilweise ausgesetzt, Gipfelgrat über weite Strecken ohne Sicherungen.
Talort: Belluno, 389 m.
Ausgangspunkt: Rifugio 7° Alpini, 1498 m, CAI, bew., Aufstieg von Case Bortot, 707 m (Zufahrt von Belluno durch die Val d'Ardo), in 2¾ Std.
Zugang: Die Route zweigt im unteren Teil vom Zacchisteig nach rechts ab.
Abstieg: Gleiche Route, abwechslungsreicher allerdings auf Tour 141 oder 143.
Gehzeit: 3½ bis 4 Std. Aufstieg.

141/142

Monte Schiara, 2565 m

Via ferrata Zacchi und Via ferrata Berti

Die Marmolroute erreicht den Gipfel von Osten, die beiden Eisenwege dieses Kapitels, die unmittelbar aneinander anschließen, überwinden die sehr steile Südwand und die oberste Westseite (insgesamt mehr als 700 Meter Fels). Die Via ferrata Zacchi bietet in „geballter Ladung" noch einmal all das, was einen richtigen Dolomiten-Klettersteig der Extraklasse auszeichnet: gute Sicherungen in teilweise sehr ausgesetztem Gelände und rundum eine grandiose Steilfelslandschaft. So quert man zum Beispiel einmal auf Eisenschienen um eine lotrechte Kante, wie überhaupt die Querungen das Eindrucksvollste in der Schiara-Südwand sind. Kraft in den Armen und Freude am Steilfels muß man für diese Tour unbedingt mitbringen, sonst sollte man auf die beiden anderen Routen (Marmol und Sperti) ausweichen. Der Zacchisteig mündet beim Bivacco Bernardina auf den Grat und zwar unmittelbar neben der Gusela del Vescova, einem 40 Meter hohen, wirklich fingerschlanken Felsturm. Über die Schiara-Westseite geht es dann auf gesichertem Steig, der nun Via ferrata Berti heißt, weiter zum Gipfel hinauf, wobei eine überhängende Leiter nochmals Armkraft erfordert. Gerade diese Tour ist zudem ein Beispiel für die Unmöglichkeit, bei Klettersteigen allgemeingültige Gehzeiten anzugeben. Wer sich in diesem Steilgelände absolut sicher fühlt und einige Kondition mitbringt, braucht nur die halbe Zeit manches ängstlichen Begehers.
Schwierigkeiten: Sehr anspruchsvoller, aber ausgezeichnet gesicherter Steig in besonders steiler Wand, Steinschlaggefahr.
Talort und Ausgangspunkt siehe Tour 140.
Rundtour: Die Schiara-Klettersteige wird man auf jeden Fall als Rundtour gehen, also in einer Richtung die Via ferrata Marmol und in der anderen Zacchi- oder Spertisteig.
Gehzeit: Aufstieg 3 bis 4 Std.

Der 40 Meter hohe Felsturm Gusela del Vescova gehört zu den besonderen Attraktionen der Schiara-Klettersteige. In seiner Nähe steht das Bivacco Bernardina.

143

Via ferrata Sperti

Im Westteil des Schiaramassives

Die Via ferrata Sperti — nicht zu verwechseln mit dem Bertiweg (zwei fast gleiche Namen direkt nebeneinander, das ist etwas reichlich Verwirrendes!) — ist der dritte große Klettersteig über dem Rifugio 7° Alpini, dieser ideal gelegenen Hütte mit der wilden Felskulisse. Auch hier geht es durch eine große Felsflanke, die jedoch lange nicht so steil und ausgesetzt ist wie die Schiara-Südwand. In bunter Folge wird einem alles Klettersteig-Spezifische geboten, inklusive Felsenfenster und einem Klemmblock, hinter dem man hindurchschlüpft. Man kommt — schon im ersten Teil des Aufstiegs — auch hier an einer Biwakschachtel vorbei, die malerisch auf einem grünen Vorsprung liegt. Ab der Forcella Sperti folgt dann der Steig dem zerrissenen Felskamm, einem recht komplizierten Gelände, durch das sich der Weg in vielen Windungen hindurchschlängelt, mal in die Nord-, mal in die Südseite ausweichend. Pale del Balcon und Nason heißen die Gratgipfel, die sich in Längsrichtung gesehen (vom Aufstieg zur Schiara) verwirrend hintereinanderschieben. In der Forcella della Gusela trifft die Spertiroute mit dem Zacchi- und dem Bertisteig zusammen.
Schwierigkeiten: Langer, gut gesicherter Steig mittlerer Schwierigkeit.
Talort, Ausgangspunkt und Rundtourenmöglichkeiten siehe Tour 140.
Gehzeit: Rifugio 7° Alpini — Forcella della Gusela 3 bis 3½ Std.

X. In den südöstlichen Kalkalpen

33 Steige und 31 Gipfel

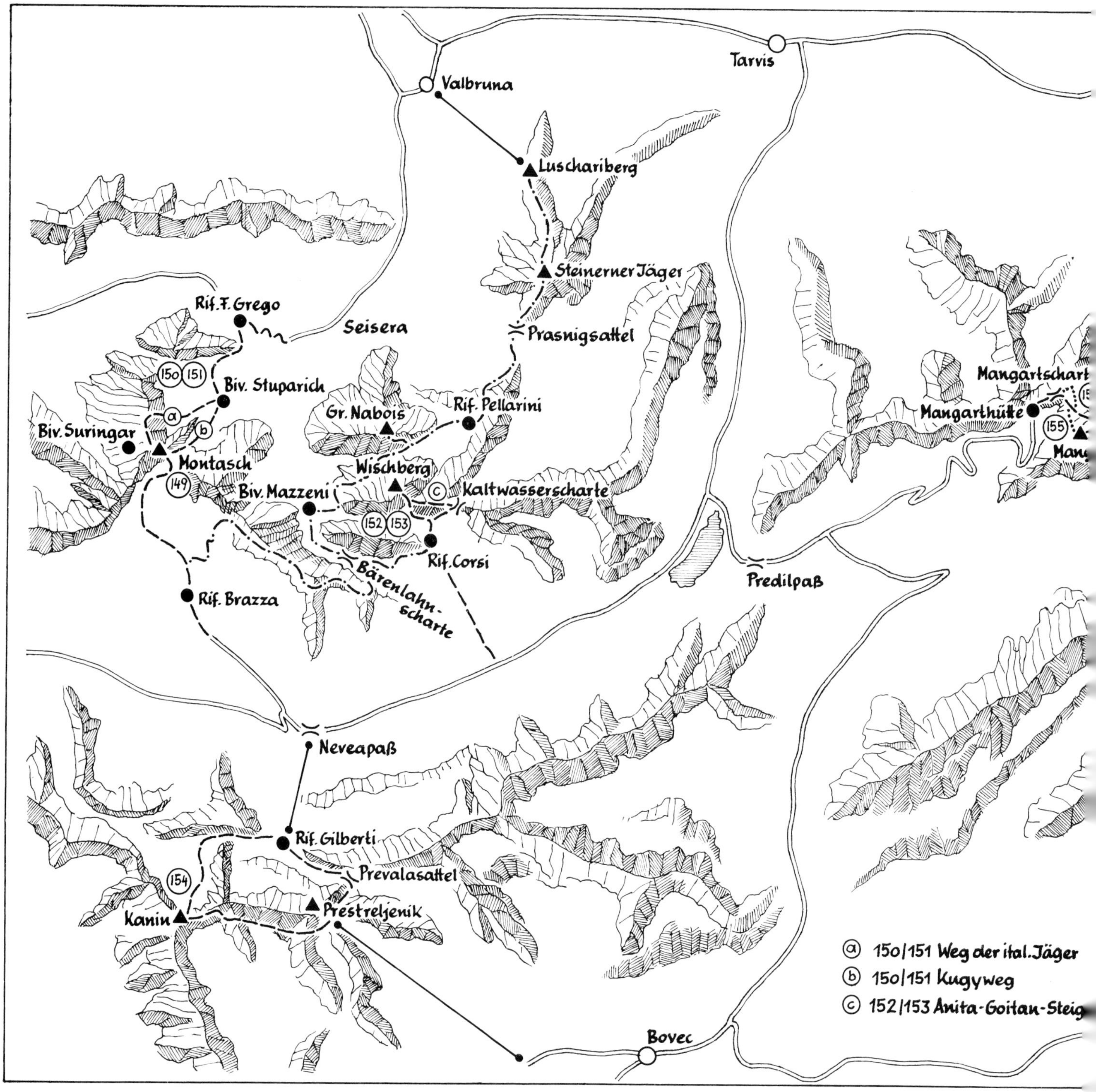

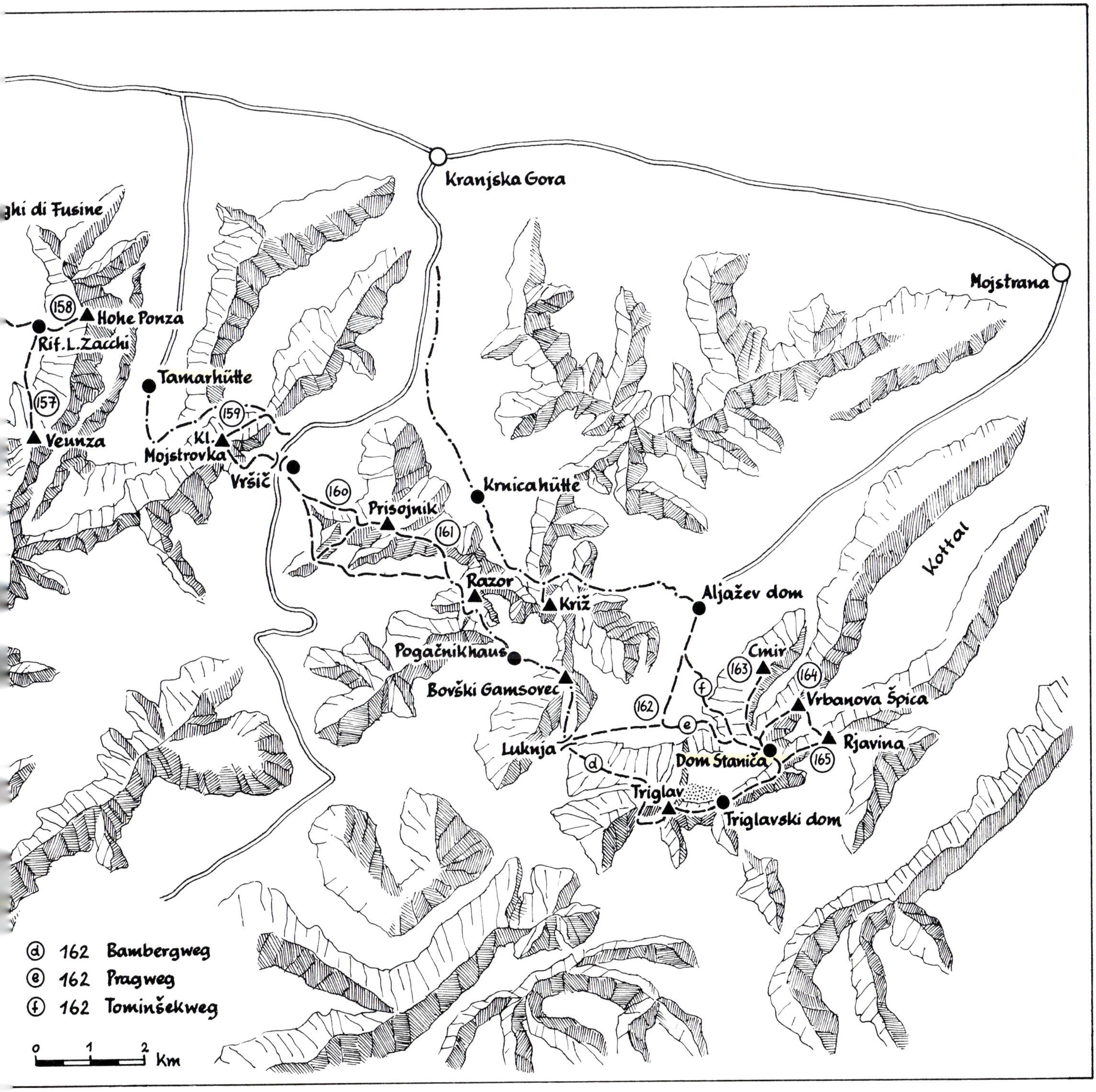
Kranjska Gora
Mojstrana
ghi di Fusine
158
Hohe Ponza
Rif. L. Zacchi
Tamarhütte
157
159
Veunza
Kl. Mojstrovka
Vršič
160
Prisojnik
161
Krnicahütte
Kottal
Razor
Križ
Aljažev dom
Pogačnikhaus
Bovški Gamsovec
Cmir
163
164
Vrbanova Špica
162
f
e
Rjavina
Luknja
d
Dom Staniča
165
Triglav
Triglavski dom
d 162 Bambergweg
e 162 Pragweg
f 162 Tominšekweg
0 1 2 Km

Gehören Sie auch zu den recht zahlreichen Bergsteigern, die von den Karnischen und den Julischen Alpen, den Karawanken und den Steiner Alpen allenfalls die Namen kennen? Dann wird es höchste Zeit, daß Sie einmal in den Südosten aufbrechen, den sich die drei Länder Österreich (Kärnten), Italien (Provinz Udine) und das jugoslawische Slowenien teilen. Vor allem die Julischen Alpen gehören zu den ganz grandiosen Kalkgebieten. Gewaltige Felsberge steigen recht unvermittelt aus den sehr tief eingeschnittenen Tälern empor, sie sind meist bis in halbe Höhe von einer ganz besonderen Wildnis — tief eingefressenen, unbegehbaren Schluchten und einer undurchdringlichen Zone von Wald und Latschenfeldern — abgeschirmt. Und wenn Sie ein noch wirklich ursprüngliches Gebiet kennenlernen wollen, dann schauen Sie sich ein wenig im oberen Tal der Soča (Isonzo) um. Abseits der Touristenwege herrscht dort absolute Einsamkeit. Auf fast alle großen Julierberge hingegen führen gut angelegte Wege, was bei den steilen Felsaufbauten oft nicht ohne Sicherungen möglich ist. Zudem gibt es noch ein paar Klettersteige der Extraklasse, wie etwa am Prisojnik oder in den Nordwänden von Montasch, Wischberg und Mangart, wo in dem extrem steilen Gelände schon mancher das Fürchten gelernt hat.

In den drei weiteren Berggruppen der Region trifft man nur ganz selten auf gesicherte Steige. Der langgestreckte Karnische Hauptkamm ist, von ein paar Ausnahmen abgesehen, noch sehr unberührt; er wird von den Bergsteigern wenig besucht. Die östlich anschließenden Karawanken, ebenfalls ein Grenzkamm Kärntens gegen Süden, ragen nur mäßig über die Waldgrenze empor. Die Nordwände der österreichischen Seite finden zudem wenig Anhänger, da das Gestein fast überall sehr brüchig ist. So bleiben noch die Steiner Alpen, ein letztes Felsgebirge, das immerhin noch über 2500 Meter hoch ansteigt, jedoch den meisten deutschsprechenden Bergsteigern absolut unbekannt ist. Fast ohne Übergang schließt sich im Süden dann das slowenische Hügelland an, entsprechend wuchtig wirkt diese letzte Berggruppe über dem Vorland.

Der Lage entsprechend gibt es hier für manchen Berg, Ort usw. deutsche, italienische und slowenische Namen, so heißt der Montasch auch Jof di Montasio und Poliški Špik. Wir haben im folgenden Text fast ausnahmslos die Namen der jeweiligen Landschaft verwendet, nur so kann der Besucher sich zurechtfinden. Wie will der Fremde Flitsch entdecken, wenn es auf allen Schildern nur Bovec heißt, oder zum Werschetzpaß gelangen, wenn dieser Sattel heute ausschließlich Vršič genannt wird?

Zum Schluß noch eine Warnung. Trotz der Lage am Alpensüdrand muß man hier auch im Sommer mit hartem Altschnee in Rinnen, Schluchten und am Fuß der hohen Nordwände rechnen.

Monte Peralba (oder Hochweißstein) heißt dieser Grenzgipfel der Karnischen Alpen. Auf ihn und den benachbarten Monte Chiadenis führen interessante Steige, die bei den deutschsprachigen Bergsteigern wenig bekannt sind.

144

Monte Peralba (Hochweißstein), 2693 m

Berühmter Aussichtsberg über der Piavequelle

Die deutsche Sprachinsel Bladen, italienisch Sappada, sollte Ihnen einen Abstecher von Sexten aus über den Kreuzbergpaß wert sein. Sie werden erstaunt sein von der Fülle interessanter Felsberge, die die Karnischen Voralpen zu bieten haben. Längs der jungen Piave können Sie dann weiterfahren bis hinauf zu deren Quelle am Fuß des mächtigen, klotzigen Monte Peralba, einem der auffallenden Gipfel im Karnischen Hauptkamm. Die Via ferrata Sartor führt durch die immer wieder grasbewachsene, im oberen Teil auch schuttreiche, 400 Meter hohe Südostflanke auf diesen für seine Aussicht berühmten Gipfel. Das ist ein abwechslungsreicher Weg mit einigen schönen Felspassagen, mit einer Leiter gleich zum Auftakt; doch alles läßt sich ohne viel Aufregung überklettern. Später steigt man dann nach Nordosten ab, wandert unter der auffallend hellen Ostwand hindurch zum Sesisjoch, wo das Chiadenismassiv anschließt. Jetzt kann man gleich den nächsten, wesentlich ernsteren Steig anpacken.

Schwierigkeiten: Gesicherter Steig durch eine fast 400 Meter hohe Flanke, doch ohne ernste Schwierigkeiten.

Talort: Sappada (Bladen), 1292 m.

Ausgangspunkt: Rifugio Calvi, 2167 m, CAI, bew.; dorthin von Sappada durch das Sesistal mit Pkw, dann noch ½ Std. Aufstieg zu Fuß. (Man kann den Einstieg auch vom Hochweißsteinhaus der österreichischen Seite, Gebiet Lesachtal, erreichen.)

Rundtour: Aufstieg über den Sartorsteig, Abstieg auf dem Normalweg nach Nordosten (evtl. Schnee) und zum Sesisjoch. Nun entweder hinab zur Hütte oder unter den Wänden entlang zur Via della Guerra, über sie auf den Monte Chiadenis und von dort über den Klettersteig zur Hütte.

Gehzeit: 1¾ Std. Aufstieg.

145

Monte Chiadenis (Südgipfel), 2459 m

Kletterberg in den Karnischen Alpen

Dieses doppelgipflige, mit Zacken gekrönte Felsmassiv ragt gleich südöstlich des Monte Peralba auf. Es wirkt, vergleicht man die Höhen, zwar nur wie ein Hund zu Füßen seines Herrn, zeigt dafür jedoch ein um so trotzigeres und wilderes Aussehen. Seine beiden Klettersteige ermöglichen eine klassische Überschreitung, die sich zudem ideal mit dem Monte Peralba verbinden läßt. Das ganze erinnert an kleinere Dolomitenberge, die Felslandschaft ist ähnlich, die beiden Steige ziehen durch steile, von Rinnen und Kaminen zerfurchte Felsen, die Sicherungen (meist Ketten) sind nicht allzu reichlich angebracht, doch der Geschickte kommt damit gut zurecht.

Schwierigkeiten: Teilweise recht steile und ausgesetzte Passagen (besonders auf der Nordseite), für die einige Geschicklichkeit notwendig ist.

Talort und Zugang siehe Monte Peralba (Tour 144).

Rundtour: Aufstieg direkt über der Calvihütte durch die Westflanke zum Südwestgrat, Abstieg auf der Via della Guerra nach Norden und Rückweg über den Passo di Sesis.

Gehzeiten: Calvihütte — Gipfel 1 Std., Abstieg 1 Std.

146

Frischenkofel, 2238 m

Durch die Ostschlucht

Der Frischenkofel oder Cellon, ein mächtiger Felskegel mit steilen Ost- und Nordabstürzen, bildet den Wächter westlich über dem vielbefahrenen Plöckenpaß. Durch eine tief eingerissene Schlucht führt ein Klettersteig, der den ehemaligen Kriegswegen folgt. Wir wollen diese Anlage aus einem bestimmten Grund nur kurz erwähnen: Er ist nämlich, sobald andere Partien über einem unterwegs sind, so steinschlaggefährlich, daß man ihn nicht mit gutem Gewissen anpreisen kann.

Schwierigkeiten: Nur mäßig gesicherter Steig durch eine Schlucht, jedoch ohne ernste Probleme, doch steinschlaggefährlich.

Talort: Kötschach-Mauthen, 706 m.

Ausgangspunkt: Plöckenpaß, 1360 m, dorthin gute Paßstraße von Mauthen.

Zugang: Direkt von der Paßhöhe nach Nordwesten.

Der Trogkofel in den östlichen Karnischen Alpen ist nur 2279 Meter hoch, und doch gehört er zu den imposanten Felsbergen. Zwei gesicherte Steige führen zum erstaunlich breiten Gipfel – eine kleine Karsthochfläche – hinauf.

Abstieg: Auf der italienischen Südseite (Ausweis nicht vergessen!).
Gehzeiten: Aufstieg 2¾ Std., Abstieg 1½ Std.

147

Trogkofel, 2279 m

Überschreitung eines schönen Felsbergs

Dem Gebietsfremden sagt das Wort Trogkofel bestimmt nichts, entsprechend niedrig werden seine Erwartungen sein. Wer sich jedoch aufrafft, einmal die östlichen Karnischen Alpen zu besuchen, kann also nur positiv überrascht werden. Der Trogkofel, der auf der Grenze zwischen Kärnten und Italien liegt, gehört zu den ungewöhnlichen Bergen: Der Gipfel wird nämlich von einem weiten Karstplateau gebildet, das jedoch rundum in Wänden auf die Schuttkare abbricht. So zeigt er sich vor allem von Norden als schöner Felsberg mit einer 250 Meter hohen, sehr steilen Mauer. Vom Gipfel genießt man zudem einen herrlichen Blick auf die Julischen und die Karnischen Alpen, auf die Lienzer Dolomiten und die Hohen Tauern. Von Süden führt ein richtiger Felssteig zur Hochfläche hinauf, der wegen des abwärts geschichteten Gesteins und des Fehlens von Tritthilfen — es gibt nur eine durchlaufende Kette — gar nicht so einfach ist. Über 150 Höhenmeter führt diese teilweise ausgesetzte Anlage. Ein besonderer Gag zum Schluß: Man schlüpft durch die Höhlung hinter einem Riesenblock. Beim Abstieg wird man den Uiberlacher Weg durch die Nordostflanke begehen, der ebenfalls mit ein paar Felsstellen gewürzt ist (mehrere kleine Leitern) und durch ein wirklich malerisches Gelände führt.
Ja, und dann bietet sich noch die Möglichkeit, Trogkofel und Roßkofel (Tour 148) an einem Tag zu erstürmen — das ist dann schon eine große Bergfahrt.
Schwierigkeiten: Via ferrata über die Crete rosse (italienische Südseite), kurz aber steil und teilweise ausgesetzt, nur Kettensicherung; Uiberlacher Weg auf der österreichischen Nordseite einfach.
Talort: Tröpolach oder Rattendorf, 600 m, im Gailtal.
Ausgangspunkte: Rudnigalm, 1621 m, dorthin auf schlechter Straße von Tröpolach, oder Rattendorfer Alm, 1535 m, Bergstraße von Rattendorf.
Zugang zur Ferrata: Einstieg an dem Pfad, der die Südseite des Trogkofels unter den Wänden quert.
Abstieg: Über Uiberlacher Weg.
Gehzeiten: Aufstieg etwa 2 Std., Rundtour (siehe Tour 148) 6½ bis 8 Std.

148

Roßkofel, 2240 m

Via ferrata Enrico Contin

Klingt dieser Name nicht verlockend und läßt er nicht Großes erwarten? In Wirklichkeit stellt die ganze Sache einen Halbtagsausflug auf einem neu erbauten Weg dar, der unter anderem auch über eine gut 100 Meter hohe Felsstufe führt. Sie ist ziemlich steil, und so braucht man trotz der guten Sicherungen eine Portion Trittsicherheit. Oberhalb folgen noch — was niemand erwarten würde — sehr weite, gewellte Wiesenböden, über die man zum höchsten Punkt hinaufbummelt, der ebenfalls von einer ganz flachen Grasfläche gebildet wird. Das ist der richtige Boden zum Faulenzen und um die Julischen Alpen zu bewundern, die ganz nahe im Südosten in den Himmel wachsen. Für den Abstieg sollte man zur Abwechslung die österreichische Nordseite wählen, das ist zwar viel weiter, bietet jedoch wieder ganz neue Eindrücke (Ausweis nicht vergessen!).
Schwierigkeiten: Kurzer, steiler Steig.
Talort: Tröpolach, 601 m, im Gailtal oder Pontebba, 568 m, in der Provinz Udine.
Ausgangspunkt: Italienisches Zollhaus unter dem Naßfeld, 1480 m.
Abstieg: Entweder gleiche Route (sehr rasch) oder über die Nordseite. Vom Rudnigsattel aus umgeht man die Wände tief im Norden, steigt zum Pistengebiet auf und erreicht das Naßfeld.
Roßkofel-Trogkofel-Rundtour: Wie oben über den Contin-Klettersteig auf den Roßkofel. Einfacher Abstieg auf deutlichem Weglein in den Rudnigsattel und längs des Kammes (links unterhalb) bis unter die Trogkofel-Südwand. Diesen Gipfel überschreitet man wie bei Tour 147. Vom Felsfuß dann nach Osten in einen flachen Sattel und zu den obersten Liften. Dann geht es nördlich unter den Felsen des Roßkofels vorbei bis zum Fuß des Madritschen, dessen Gipfel man überschreitet oder nördlich umgeht; so kommt man wieder in den Bereich des Naßfeldes.
Gehzeiten: Aufstieg 2½ Std., direkter Abstieg 1 Std., Abstieg über die Nordseite 2½ Std.

149

Montasch, 2754 m, von Süden

Die steinschlaggefährdete Eisenleiter

Waren Sie noch nie in den Julischen Alpen? Und haben Sie ein wenig Zeit? Dann fahren Sie doch einmal von Feistritz im Gailtal (Kärnten) zur gleichnamigen Alm hinauf und besteigen Sie den Osternig (2052 m, ¾ Std.), den östlichsten Zweitausender des Karnischen Hauptkammes. Der Blick auf die Bergkulisse im Südosten wird all ihre Erwartungen übertreffen. Nach den Dolomiten sind die Julischen Alpen das imposanteste Kalkgebiet, und man möchte sie als die Berggruppe der Individualisten bezeichnen. Da stehen keine langen, etwas gleichförmigen Ketten, sondern ganz isoliert aufragende und deshalb besonders wuchtige Bergstöcke. Und der Auffallendste unter allen ist der Montasch, der Jof di Montasio der Italiener. Von Westen präsentiert er sich als zerrissener Riesenkegel mit einer immerhin 1500 Meter hohen Flanke, von Norden hingegen als breitgelagertes Felskastell. Aber selbst dieser Berg hat seine „schwache" Seite: Von Süden, über der blumenreichen Pecolalm, führen teilweise begrünte, teilweise schuttbedeckte Schrofen bis zum Gipfelgrat. Hier gibt es einen Steig mit einigen Sicherungen; berühmt-berüchtigt ist dabei eine 60-Meter-Stahlseilleiter. Sind in dem geröllbedeckten Gelände oberhalb der Leiter Bergsteiger unterwegs, dann geraten die Nachfolgenden in kaum vermeidbaren Steinhagel. Vor allem Absteigende sollten deshalb Disziplin zeigen und warten, bis sich niemand mehr unter ihnen befindet.

Schwierigkeiten: Schrofen, lange Geröllfelder, nur wenig Klettersteig, Steinschlaggefahr.
Talort: Tarvis (Tarvisio), 743 m.
Ausgangspunkt: Pecolalmen, 1500 m; dorthin auf ordentlicher Straße von der Sella Nevea (siehe Tour 154).
Stützpunkt: Rifugio Brazza, 1660 m, CAI, bew., ½ Std. von den Pecolalmen.
Abstieg: Gleiche Route.
Gehzeit: Pecolalmen — Montasch 3½ Std.

150 / 151

Montasch, 2754 m, von Norden

Zwei der ganz großen Klettersteige

Diese beiden Routen sind für die Kletterer reserviert, die zumindest den Schwierigkeitsgrad II noch sicher beherrschen. Etwas leichter kann man über den „Weg der italienischen Jäger" ganz rechts in der breiten Wandflucht emporturnen, während die Kugyroute, die genau in der Mitte durch die hier gut 700 Meter hohe Riesenwand führt, noch eine Stufe anspruchsvoller ist. Ja, hier gibt es eventuell sogar Eisarbeit — bei hartem Schnee kommt man über das kleine Gletscherchen am Wandfuß nur mit Pickel und Steigeisen hinauf, und manchmal hat auch die tiefe Randkluft schon erhebliche Mühe bereitet. Und beim Weiterweg wird dann jedem recht eindrucksvoll vorgeführt, was ausgesetzter Steilfels bedeutet. Außerdem sollte man an folgendes denken: Die beiden Routen führen durch eine Nordwand, und so herrschen häufig nicht die besten Verhältnisse.
Noch ein Tip: Auch ohne Klettersteigambitionen lohnt es sich, einmal durch die schuttreiche Valbruna in die Seisera hineinzufahren, um diesen wild-zerklüfteten, völlig urtümlichen Bergkessel zu bewundern.

Schwierigkeiten: „Weg der italienischen Jäger" schwierig und sehr lang, Gipfelanstieg nur spärlich markiert; Kugy- (oder Villacher)Weg sehr anspruchsvoll, sehr lang und sehr ausgesetzt, nur für Klettergewandte; beides sind ernste, hochalpine Bergfahrten, die man nur bei sicherem Wetter durchführen sollte.
Talort: Tarvis (Tarvisio), 743 m.
Ausgangspunkt: Seisera, 1004 m, dorthin von Tarvis über Valbruna auf ordentlicher Straße, 12 km.
Stützpunkt: Evtl. Stuparichbiwak, 1587 m, 2 Std.
Abstieg: Auf der zweiten der beiden Nordrouten oder nach Süden wie bei Tour 149.
Gehzeit: 7 bis 8 Std. aus der Seisera zum Gipfel.

152 / 153

Wischberg, 2666 m

Gipfelaufstieg und Anita-Goitan-Steig

Dank der glatten, steilen Kalkwände nach Norden lockt der Wischberg und

Blick auf die Westabstürze des Montasch aus dem Dognatal.

der östlich anschließende Gamsmutterzug vor allem die Kletterer. Einen ganz anderen Eindruck vermittelt der Anblick von Süden. Über einem wild zerfurchten, von tiefen Schluchten zerspaltenen Bergsockel baut sich ein stark gegliedertes Massiv auf, quergebändert, mit Gras durchsetzt und von zackengekrönten Graten überragt. Hier kommt man den Gipfeln schon leichter bei! Der alles überragende Wischberg (italienisch Jof Fuart) bietet keine nennenswerten Schwierigkeiten, eine Felsstufe — mit einem natürlichen Tunnel — ist gut gesichert. Es gibt jedoch auch einen richtigen Klettersteig, der im Stil der Bocchettewege den Gamsmutterzug auf den Bändern der Südseite quert. Das ist eine ideale, reizvolle Ergänzung zur Wischbergbesteigung.

Schwierigkeiten: Wischberg leicht mit kurzer, etwas ausgesetzter Kletterpassage, nur spärlich markiert; Anita-Goitan-Steig richtiger, gut gesicherter Klettersteig, nicht allzu anspruchsvoll.
Talort: Tarvis (Tarvisio), 743 m.
Ausgangspunkt: Val Rio del Lago (Seebachtal), etwa 1000 m. Beginn des Aufstiegs zum Rifugio Corsi schlecht beschildert; evtl. noch ein Stück auf der Sandstraße mit dem Auto.
Zugang: Aufstieg zum Rifugio Corsi, 1954 m, CAI, bew., etwa 2½ Std.
Route: Besteigung des Wischberg auf Normalweg, auf gleicher Route zurück an den Fuß des Gipfelaufbaus, dann Begehen des Anita-Goitan-Steiges zur Forcella di Rio freddo (Kaltwasserscharte), von dort direkter Rückweg zur Hütte.
Gehzeiten: Rifugio Corsi — Gipfel 2½ Std., Begehung des Klettersteiges und zurück zur Hütte 3 Std.

Durch die Montasch- und Wischberggruppe

Ganz kurz ein paar Anregungen, wie man diese grandiosen Berggruppen noch näher kennenlernen kann, welche zusätzlichen Möglichkeiten sich bieten. Da gibt es vor allen Dingen einmal den *Ceria-Merlone-Steig,* der den *Modeon del Buinz,* 2558 m, überschreitet und dann den langen, zerrissenen Kamm mit einigem Auf und Ab zum Cregnedul quert, von dem man auf ausgesetzten Bändern die Forcella Lavinal dell'Orso (Bärenlahnscharte, 2138 m) erreicht. Das ist ebenfalls ein gesicherter Steig; der ganze Buinz-Cregnedul-Kamm war im Ersten Weltkrieg von den Italienern stark befestigt, und der heutige Weg nutzt die alten Anlagen.
Ein weiterer Steig umgeht von der Bärenlahnscharte aus die *Kastreinspitze,* 2502 m, die man leicht „mitnehmen" kann, im Süden zur nahen Mosesscharte. Verfolgt man den Weg weiter, so gelangt man auf den Wischberg-Normalweg. Die interessanteste Tour im Nordteil der Wischberggruppe ist die Besteigung des *Großen Nabois,* 2313 m, verbunden mit einer Überschreitung der Naboisscharte zum Rifugio Pellarini, 1499 m, CAI, bew. Spannende, teilweise gesicherte Felsstellen, eine grandiose Landschaft und die Wischberg-Nordwand direkt über einem sind die besonderen Akzente dieser anspruchsvollen Tour.

1. Tag: *Seisera — Stuparichbiwak.* Siehe Tour 150.

2. Tag: *Montasch-Nordwand — Rifugio Brazza.* Siehe Tour 150/1 und 149.

► *Der Anita-Goitan-Steig durchquert die sonnige Südseite des Gamsmutterzuges, der östlich an den Wischberg anschließt.*

3. Tag: *Ceria-Merlone-Steig — Bärenlahnscharte — Rifugio Corsi.* Anmerkungen zu diesem gesicherten Steig siehe oben. Von der Scharte auf einem Weg zur Hütte hinab. Insgesamt 6 bis 7 Std.
4. Tag: *Wischberg — Anita-Goitan-Steig — Rifugio Corsi.* Siehe Tour 152/3. Evtl. erweitern mit dem Wegstück Bärenlahnscharte — Kastreinspitze — Mosesscharte.
5. Tag: *Bärenlahnscharte — Naboisscharte — Großer Nabois — Rifugio Pellarini.* Von der Bärenlahnscharte nach Norden (evtl. steiler Schnee) bis vor das Bivacco Mazzeni. Nun nach rechts durch die Wischberg-Nordwestseite in die scharf eingeschnittene Naboisscharte. Von dort Abstecher auf den Großen Nabois, dann Abstieg zur Hütte. 5 Std.
6. Tag: *Sella Prasnig — Steinerner Jäger — Luschariberg.* Westlich um die Schwalbenspitzen in den weiten Prasnigsattel, 1491 m, dann steiler Aufstieg auf den *Steinernen Jäger* (Cima del Cacciatore, 2071 m, herrlicher Blick). Nach Norden auf den Luschariberg und mit der Bahn nach Valbruna hinab. 4½ Std.

154

Kanin, 2587 m

Modeberg an der italienisch-jugoslawischen Grenze

Der Kanin liefert einen ganz besonderen Farbtupfer in der an sich schon so reichen Palette von Juliertouren. Aus weitgedehnten, völlig kahlen Karstflächen wächst eine dunkle Wand von mehr als fünf Kilometer Breite empor. Sie ist so auffallend waagrecht gebändert, als wäre sie Menschenwerk. In ihrem Schatten können sich — sogar hier am Alpensüdrand — kleine Gletscher halten. Dadurch bekommt der sehr steile, nordseitige Klettersteig Via Divisione Julia einen richtig hochalpinen Anstrich, ja, bei schlechten Verhältnissen und allzu hoher Schneelage kann die Route ziemlich schwierig werden. Dann muß man sich eben mit der sonnigen, slowenischen Südseite zufriedengeben, wo ebenfalls aus den weiten Karstflächen die hier allerdings flacheren und niedrigeren Felswände herauswachsen. Die Bänder nützend führt ein recht harmloser, nur stellenweise gesicherter Weg zum Gipfel hinauf. Von beiden Seiten ziehen Seilbahnen zu den Plateaus empor; auf jugoslawischer Seite handelt es sich sogar um eine Riesenanlage, die 1800 Höhenmeter überwindet.
Schwierigkeiten: Nordseite mit anspruchsvollem Klettersteig, sehr von den Verhältnissen abhängig; Südseite einfach.
Talorte: Tarvis (Tarvisio), 743 m, oder Bovec (Flitsch), 483 m, im oberen Tal der Soca (Isonzo).
Ausgangspunkt: Sella Nevea (Paß zwischen Tarvis und Chiusaforte), 1195 m; bzw. Bovec.
Zugänge: Von der Sella Nevea mit der Seilbahn zum Rifugio Gilberti, 1850 m, CAI, bew.; bzw. von Bovec mit der Seilbahn bis unter den Prestreljenik, 2210 m.
Rundtour: Vom Rifugio Gilberti über den Klettersteig auf den Kanin, Abstieg nach Südosten, sehr lohnend ein Abstecher auf den *Prestreljenik,* 2499 m, und zurück über den Prevalasattel zum Ausgangspunkt (Grenzüberschreitung!).
Gehzeiten: Nordanstieg 2¾ Std., Rundtour insgesamt 5½ bis 6½ Std.

155

Mangart, 2678 m

Der slowenische Klettersteig

Der Mangart ist, von Westen gerechnet, der dritte der ganz großen Bergstöcke in den Julischen Alpen, ein gewaltiger Felsklotz, der recht abweisend wirkt. Seine „Schwachstelle" verbirgt er nämlich geschickt über der wilden Nordwand; niemand wird es deshalb glauben, daß man gerade diesem Berg so leicht beikommt. Allenfalls Schneefelder können Mühe bereiten. So findet mancher die Zufahrt auf der Mangartstraße mit ihren Felspassagen, den Schleifen und Tunnels spannender als den eigentlichen Gipfelanstieg. Das bezieht sich aber nur auf den Normalweg — doch wir wollen ja einen oder beide Klettersteige begehen. Beim letzten Teil der Auffahrt hat man die Westwand direkt über sich, einen 500 Meter hohen Felsabsturz, der reichlich wild ausschaut. Die jugoslawische Route nützt jedoch ein System von Rinnen, Bändern, Absätzen, Rampen, eine Route, die viel Spaß macht und wenig Angst einflößt und so von jedem etwas Geschickteren begangen werden kann.
Schwierigkeiten: Gut gesicherter Steig in einer hohen Wand, doch ohne wirkliche Probleme.
Talort: Tarvis (Tarvisio) 743 m, oder Bovec, 483 m.

Blick vom Mangart nach Osten. In der Mitte die Nordwände von Travnik und Mojstrovka, dahinter die mächtige Škrlatica, 2738 m, mit ihren Trabanten.

Ausgangspunkt: Mangarthütte (Koča na Mangrtskem sedlu) 2092 m, unbew.; Zufahrt von Bovec oder Tarvis bis 1 km östlich des Predilpasses, dort Abzweigung einer wilden Bergstraße, 12 km.
Abstieg: Auf dem Normalweg über den obersten Ostgrat und dann quer durch die Nordflanke.
Gehzeit: Straße — Gipfel 1¾ Std.

156

Mangart, 2678 m

Superklettersteig Via Italiana

Von den Laghi di Fusine, den Weißenfelser Seen, präsentiert sich der Mangart als gut zwei Kilometer breite, sehr steile und hohe Felsmauer, der im rechten Teil in einer Art Halbkugel der höchste Gipfel aufgesetzt ist. Durch den westlichen, etwas niedrigeren Bereich der Wand führt die Via Italiana — Klettersteigspezialisten wissen, was damit gesagt ist. Da gibt es wirklich senkrechte Felspartien! So quert man zum Beispiel im oberen Teil um eine Felskante an Eisenstiften, die einen Meter lang sein müssen, damit man in diesem Gelände überhaupt ordentlich stehen kann. Nur jener, der echte Freude an luftigen Tiefblicken hat, kommt mit dieser Route zurecht, für alle anderen wird sie zur Zitterpartie, zu einem „Hinauframpfen" am — guten — Drahtseil. Und das ist eigentlich nicht der Sinn der Sache! Man sollte sich deshalb diese Tour aufsparen und sie dann, nach dem Sammeln entsprechender Erfahrungen, als eine Art Krönung begehen. Nur so wird man diese grandiose Felslandschaft — ein weiter Kessel, über dem ein Kletterberg neben dem anderen steht — und den Tiefblick auf die Laghi di Fusine wirklich genießen können.
Schwierigkeiten: Gut angelegter Klettersteig in ausgesprochen steilem Fels, eine der schwierigsten Routen des Buches.
Talort und Ausgangspunkt siehe Tour 155.
Zugang: Um sich den überaus langen Weg vom oberen Lago di Fusine zu sparen (3 Std.), geht man die Tour von der slowenischen Seite aus. Von der Mangart-Travnik-Scharte westlich des Kleinen Mangart steigt man hinab zum Einstieg.
Kombinationsmöglichkeit: Nach der Via Italiana evtl. auf dem jugoslawischen Klettersteig zum Gipfel.
Abstieg: Auf dem Normalweg über den obersten Ostgrat und dann quer durch die Nordflanke.
Gehzeiten: Zugang 40 Min., Einstieg — Gipfel 2 Std.

157

Veunza, 2340 m

Via della Vita

Man lasse sich von dem klangvollen Namen Via della Vita, Weg des Lebens, nicht verführen, für den Unerfahrenen wird sonst daraus allzu schnell eine Via della Morte (Weg des Todes, wie diese Anlage früher tatsächlich einmal hieß)! Auch im Verhältnis zu den anderen, ja wahrlich anspruchsvollen Klettersteigen der Julischen Alpen gehört diese Via ferrata zum Schwierigen und Gefährlichen. Steiler Schnee, Steinschlag, fast senkrechte Felspassagen und die Notwendigkeit, auf der gleichen Route abzusteigen, machen diesen Weg zu einem ernsten Unternehmen. Der Ernst dieser Bergfahrt wird noch durch die Umgebung verstärkt, geht es doch durch einen Kessel zwischen gewaltigen Felsabstürzen empor, der nur nach Norden geöffnet ist. Wir haben hier also einen Weg vor uns, der nur für erfahrene und klettergewandte Bergsteiger in Frage kommt.
Schwierigkeiten: Sehr anspruchsvoller Steig in steilstem Fels, 500 Meter Höhe, Steinschlaggefahr.
Talort und Ausgangspunkt siehe Tour 158.
Abstieg auf gleicher Route.
Gehzeit: Lago di Fusine — Gipfel 4½ Std.

158

Hohe Ponza, 2274 m

Über die Westflanke

Der Weg vom Rifugio Luigi Zacchi zur Ponza Grande entpuppt sich als Schau- und Aussichtsroute von Rang. Da dieser hohe Felskegel am östlichen Rand des langen Halbrunds über den Weißenfelser Seen liegt, genießt man einen völlig freien Blick auf die großen Kletterwände von Mangart, Piccolo Mangart di Coritenza und Veunza, Felsabstürze bis zu 900 Meter Höhe, durch die extrem schwierige Routen führen. Man hat auch Zeit zum Schauen, ist der Aufstieg doch — relativ — unproblematisch. Es geht wohl durch steiles Gelände mit

Die Via della Vita durch die Nordabstürze der Veunza gehört zu den besonders eindrucksvollen Bergtouren im italienischen Teil der Julischen Alpen.

Gras, Latschen und Schrofen, doch sind die schwierigeren Stellen gesichert, und so turnt man rasch höher und höher. Vom Gipfel genießt man dann einen Idealblick auf ein zweites, großartiges Klettergebiet, in dem vor allem die Nordwand des Travnik, die ebenfalls 900 Meter hoch ist, imponiert.
Schwierigkeiten: Gesicherter Steig.
Talort: Tarvis (Tarvisio), 743 m.
Ausgangspunkt: Oberer Lago di Fusine, 936 m, gute Straße von Fusine, beliebtes Ausflugsziel, herrlicher Blick!
Zugang: Auf dem Hüttenweg zum Rifugio Luigi Zacchi, 1380 m, bew.
Abstieg auf gleicher Route.
Gehzeiten: Lago di Fusine — Zacchihütte 1¼ Std., zum Gipfel 2½ Std.

159

Kleine Mojstrovka, 2332 m

Eine Spritztour der Extraklasse

Gegen Tamar brechen die Gipfel der Mojstrovka-Travnik-Kette mit besonders steilen, wilden, bis zu 900 Meter hohen Wänden ab. Im allerletzten, östlichsten Teil dieser Mauer führt auch ein Klettersteig empor, eine gut gesicherte Anlage in einem zum Teil jedoch etwas „luftigen" Gelände. Das ist so recht ein Ziel für einen genußreichen Tag. Dank des kurzen Anmarsches vom Vršičpaß aus kann man sich Zeit lassen, kann sich in Ruhe die kleine Hochfläche von Sleme mit ihren Seenaugen anschauen. Anschließend steigt man über die auch hier noch 300 Meter hohe Wand zu den weiten Gipfelflächen hinauf und bewundert dann bei einer ausgedehnten Rast die wilden Juliergipfel rund um sich; Blickfang und Schaustück ist dabei der Prisojnik, dessen zerklüftete Riesenwände gleich gegenüber emporragen.
Schwierigkeiten: Gut gebaute Anlage durch eine steile, teilweise ausgesetzte Nordwand, mittelschwer.
Talort: Kranjska Gora, 810 m.
Ausgangspunkt: Vršičpaß, 1611 m (sprich: Wrschitsch), Zufahrt auf kurvenreicher Bergstraße, 12 km. Drei Hütten im Bereich der Paßhöhe.
Zugang: Vom Paß schräg nördlich empor in die Einsattelung Vratica, 1807 m, und zum Einstieg.
Abstieg: Auf einem Steig erst südwärts, dann ostwärts zurück zum nahen Paß.
Gehzeit: 2¼ Std. Aufstieg.

160

Prisojnik, 2547 m

Die Route durch das Riesenauge

Für die beiden Touren am Prisojnik paßt ein Eigenschaftswort: gewaltig! Beim Klettersteig durch das Riesenauge (mächtiges Felsenfenster, slowenisch Okno) ist man in einer etwa 800 Meter hohen Felsflanke unterwegs, einem ungemein komplizierten Gelände, in dem man sich ohne den Steig nicht zurechtfinden würde. Es öffnen sich immer wieder neue Schluchten und Rinnen, man überquert stets neue Felsrippen und -kulissen. Manche Steilstufe erscheint völlig unbegehbar, doch die vorbildlichen Sicherungen ziehen an den erstaunlichsten Stellen einfach gerade empor — und es geht dann doch meist besser, als man es befürchtet hatte. Schließlich kommt man in die Schlucht unter dem trichterförmigen Felsenfenster und muß sich nun hier, unangenehm steil und rutschig und dem Steinschlag ausgesetzt, in dem brüchigen Gelände hinaufplagen. Nach diesem Zwischenspiel geht es — nun sonnseitig, aussichtsreich und wieder vergnüglich — in Gratnähe zum Gipfel hinauf. Das ist eine grandiose Tour für alle, die sich in diesen steilen Felsen noch sicher fühlen.
Schwierigkeiten: Anspruchsvoller und ausgesetzter, aber gut gesicherter Steig, sehr lang, steinschlaggefährlich.
Talort und Ausgangspunkt siehe Tour 159.
Abstieg: Normalweg vom Okno nach Südwesten, teilweise gesichert; oder Fortsetzung der Tour auf dem „Jubiläumsweg" (Tour 161).
Zugang: Vom Paß bis an den Fuß der Felsen, dann links hinab zum Einstieg.
Gehzeit: 3 bis 3½ Std. Aufstieg.

161

Prisojnik, 2547 m

Jubiläumsweg

Ein Aufstieg durch die Nordwestflanke und durch das große Fenster zum Gipfel und ein Weiterweg über den Ostgrat zu dem tiefen Sattel vor dem Razor wäre eine Tagestour, die randvoll mit Klettersteigerlebnissen angefüllt ist. Es gibt wohl nichts Vergleichbares! Denn auch

Am Prisojnik gibt es eines der größten Felsenfenster der Alpen. Okno lautet die slowenische Bezeichnung dafür. Unsere Tour 160 führt – etwas steinschlaggefährdet – durch dieses Fenster.

der Jubiläumsweg bietet noch einmal Felsgelände für etwa zwei Stunden. Der zerrissene, von Zacken und Türmen gekrönte Grat wird meist auf den ausgeprägten Bändern gequert, teilweise auch in der Nordflanke, wo im Frühsommer Steilschnee für zusätzliche Probleme sorgen kann. Und die große Überraschung: Auch hier gibt es ein Fenster, einen richtigen Spitzbogen, durch das der Weg führt. So, als wollte der Berg ein echtes, klangvolles Finale bieten, bricht das Gelände dann noch zweimal fast senkrecht ab, bis man endlich die Felsen hinter sich hat. Ein Wermutstropfen bei dieser großartigen Tour: Der Rückweg zum Vršič ist lang und wird von einem — für die müden Beine recht „gemeinen" — Gegenanstieg unterbrochen.

Nicht mehr Zeit würde der Weiterweg zur Pogačnikhütte in Anspruch nehmen. Dabei läßt sich die so wilde Westflanke des Razor auf einer Abdachung wider Erwarten leicht überlisten. In der Planjascharte überquert man den Razor-Südgrat (gut 1 Std. Gegenanstieg).

Schwierigkeiten: Etwas weniger anspruchsvoll als Tour 160, gut gesichert, steile Stellen.

Talort und Ausgangspunkt siehe Tour 159.

Zugang: Vom Vršič entweder wie bei Tour 160 auf den Gipfel des Prisojnik und Abstieg auf dem Jubiläumsweg; oder auf dem Höhenweg Nr. 1 unter dem gesamten Prisojnikmassiv südlich vorbei und Begehung des Grates im Aufstieg.

Gehzeiten: Vršič — Prisojnik je nach Route 2½ bis 3½ Std., Jubiläumsweg und Rückkehr zum Paß etwa 3½ Std., gleiche Route im Aufstieg 5½ Std.

162

Triglav, 2863 m

Der höchste Berg Jugoslawiens

Der höchste Gipfel eines Landes zieht immer viele Menschen an; das Halbdutzend Hütten und das Gewirr von Wegen rund um den Triglav sind ein sichtbares Zeichen dafür. Eine bis zu 1500 Meter hohe und drei Kilometer breite Wandflucht mit fünf ausgeprägten Pfeilern beherrscht das oberste Vratatal, die berühmte Nordwand unseres Berges. Sie bietet ein ernstes Bild von Größe und Wucht, zu dem auch der schuttgefüllte Talboden und die großen Lawinenkegel passen. Zwei recht steinige Steige führen durch den linken Teil der Abbrüche, beide sind dort, wo es notwendig ist, gut gesichert. Man darf sich hier jedoch keine glatten, sonnigen Wände vorstellen. Schon der tiefgelegene Ausgangspunkt sorgt dafür, daß es Wald und Latschen gibt, während das verwitterte Gestein mit einem komplizierten, zerfurchten Gelände aufwartet. Nach gut tausend Höhenmetern münden die inzwischen vereinigten Pfade auf eine erstaunlich sanfte, verkarstete Hochfläche, die am Gipfelfuß sogar ein Gletscherchen trägt. Zwei Hütten stehen hier oben. Der Gipfelsturm erfolgt dann über den Ostgrat, der verschwenderisch mit Eisen gespickt ist, weshalb die Slowenen ihrem Lieblingsberg schon den Spitznamen „Igel" gegeben haben. Auch der Gipfel selbst mit seinem Metalltürmchen und dem Ofen ist reichlich metallhaltig, naja, über Geschmack läßt sich streiten. Über die Aussicht hingegen sind wohl alle der gleichen Meinung. Dazu nur eines: Erst in den Tauern oder den Dolomiten gibt es wieder höhere Gipfel.

Wer bergsteigerisch erfahren ist und sich in ungesichertem Schrofengelände heimisch fühlt, könnte zur Abwechslung über den Bambergweg absteigen. Tiefblicke in die Nordwand und ein paar steile, aber dann gut gesicherte Felsstellen sorgen für einigen Kitzel. Man darf sich nicht verwirren lassen: Der Abstieg führt erst nach Süden Richtung Doličhütte, um die oberen Steilabbrüche zu umgehen. Über Schutt und Schnee erreicht man schließlich den Nordwestgrat, klettert an ihm entlang in komplizierter Wegführung zum Luknjapaß ab und kehrt von dort ins Vratatal zurück.

Schwierigkeiten: Beim Aufstieg gut gesicherte, teilweise recht steinige Wege ohne Probleme, Schneefelder, Steinschlaggefahr; Bambergweg wesentlich anspruchsvoller, nur an den Steilstellen gesichert.

Talort: Mojstrana, 641 m, im oberen Savetal.

Ausgangspunkt: Aljažev dom, 1015 m, 10 km Schotterstraße von Mojstrana, bis 25 % steil.

Aufstieg: Auf dem Tominšekweg (Tominškov pot) oder dem Pragweg (Pot čez Prag) zur Hochfläche mit dem Dom Staniča (Stanighaus), 2332 m, bew., und dem großen Triglavski dom (Triglavhaus), 2515 m, bew., oben auf dem Kredaricakamm. Über den Ostgrat zum Gipfel.

Abstieg: Auf gleicher Route oder über den Bambergweg in den Luknjapaß.

Gehzeiten: Vratatal — Triglavhaus 4 bis 5 Std., von dort zum Gipfel gut 1 Std., Abstieg über Bambergweg 4 Std.

163 / 164 / 165

Zu Füßen des Triglav

Cmir, Vrbanova špica und Rjavina

Vom Stanighaus (siehe Triglav, Tour 162) kann man regelrecht zum Gipfelsammeln ausrücken. Mit einigem Fleiß bringt man es auf vier — und zwar durchaus interessante — Ziele. Die Möglichkeiten seien hier aus Platzgründen nur angedeutet. Ohne viel Mühe erreicht man den *Begunjski vrh,* 2461 m, ½ Std. In seinem Nordostgrat steht der *Cmir,* 2393 m, 2 Std. Er bietet eine interessante, gut gesicherte, teilweise etwas exponierte Route. Der nächste Gipfel, die *Vrbanova špica,* 2408 m, ½ Std., ist ein ganz hüttennahes, quergebändertes Felsmassiv. Der Westgrat gehört zu den Spritztouren, interessant wird die Fahrt aber erst durch eine Überschreitung. Auf einem Klettersteig geht es parallel zum Grat, dann durch die Südflanke ins obere Kottal. Wandert man von dort wieder talauf, dann kann man gleich die nächste Tour anhängen; längs der gesicherten Route durch die Nordflanke erreicht man die *Rjavina,* 2532 m, um schließlich über deren Westgrat zum Stanighaus zurückzukehren. Unser Foto auf den Seiten 172 / 173 gibt einen sehr schönen Überblick zu dieser Tour. Es zeigt die drei beschriebenen Gipfel. Die Triglav-(Vogel-)Perspektive verfälscht jedoch die Höhen der Berge.

Schwierigkeiten: Gesicherte Steige in teilweise wenig begangenem Gelände.

Talort und Ausgangspunkt sowie Rückweg siehe Tour 162.

Gehzeiten siehe Text.

Der Ostgrat des Triglav gehört zu den ausgesprochen beliebten Touren, denn er führt auf den höchsten Berg Jugoslawiens. Dem Trittsicheren bereitet er keine Schwierigkeiten.

Fünf Tage in den östlichen Juliern

Aus dem Planicatal zum Triglav

Diese Route brauchen wir nicht groß anzupreisen; sie führt durch den schönsten und eindrucksvollsten Teil der Berggruppe — das sagt schon alles. Die Hütten des Slowenischen Bergsteigerverbandes sind meist sehr gut geführt, doch gerade bei dieser Tour sind oft viele Menschen unterwegs. Da es sich hier ja um ein Klettersteigbuch handelt, führt unsere Route nicht durch das so eindrucksvolle Sieben-Seen-Tal zum See von Bled hinab. Wir bringen lieber auch zum Ausklang eine Felstour, und zwar eine Überquerung des Križ.

1. Tag: *Tamarhütte — Kleine Mojstrovka — Vršič.* Die so schön am Fuß des Jalovec, 2643 m, gelegene Tamarhütte (Planinski dom Tamar), 1108 m, bew., erreicht man an der berühmten Skiflugschanze vorbei durch das Planicatal zu Fuß in 1½ Std.; auch mit dem Auto möglich. Von dort steigt man nach Sleme hinauf und klettert wie bei Tour 159 durch die Nordwand auf die Kleine Mojstrovka. Abstieg nach Süden und Osten zum Vršič mit drei Hütten. Tamar — Vršič 5 Std.

2. Tag: *Prisojnik — Razor — Pogačnikhaus.* Je nach Können und Kondition wird man den Prisojnik über den großen Klettersteig (Tour 160) oder über den Normalweg durch die Südwestflanke besteigen. Dann geht es auf dem Jubiläumsweg (Tour 161) in den tiefsten Sattel hinab. Erstaunlich leicht überlistet dann der Steig die Felsabstürze des *Razor,* 2602 m, und mündet in dessen Südgratscharte. Durch das sehr zerklüftete Gelände kann man in 1 Std. den mächtigen Gipfel besteigen (markiert). Dann Abstieg zum Pogačnikhaus (Pogačnikov dom), 2052 m, bew., am Rand eines welligen, seengeschmückten Karstplateaus. Je nach Route 6 bis 8 Std.

3. Tag: *Bovški Gamsovec — Luknjapaß — Triglav — Triglavhaus.* Der Tag beginnt mit der Überschreitung des *Bovški Gamsovec,* 2389 m, auf seinen beiden gesicherten Wegen; beim Aufstieg sorgt ein Reitgrat für besondere Spannung, aber für einen echten Klettersteiggeher gibt es trotzdem keine Probleme. Vom Luknjapaß aus folgt man dann wie bei Tour 162 dem Bambergweg zum noch weit entfernten Triglavgipfel und steigt schließlich zum Triglavhaus ab. Das ist ein langer Weg von allerwenigstens 7 Std.

4. Tag: *Vrbanova špica — Rjavina — Aljažev dom.* Da man an diesem Tag relativ viel Zeit hat, sollte man die Rundtour über Vrbanova špica und Rjavina wie bei Tour 163 durchführen, bevor man vom Stanighaus über die Steilhänge ins Vratatal absteigt. Etwa 6 Std.

5. Tag: *Križ-Hochfläche — Križ — Križwand — Krnicahütte.* Langer, steiniger Anstieg vom Aljažhaus in den Križsattel und Abstecher auf den Križ, 2410 m, ½ Std. Dann Abstieg über die gut gesicherte Križwand in die Krnica und zur gleichnamigen Hütte, 1218 m, bew. Talaus zur Vršičstraße und nach Kranjska Gora. Aufstieg 3½ Std., Abstieg bis zur Straße gut 2 Std.

Weitere Möglichkeit: Gute Bergsteiger können als Auftakt noch den Jalovec, 2643 m, einen der schönsten und auffallendsten Julierberge, besteigen. Der Nordanstieg mit dem Firncouloir gehört zu den berühmt-berüchtigten Touren. Bis zu 40° ist das Gelände steil und erfordert deshalb bei schlechten Verhältnissen einen Pickel und evtl. sogar Steigeisen. Der Weiterweg nach Süden zur Hütte pod Spičkom ist weniger dramatisch. Am nächsten Morgen quert man dann auf dem Höhenweg zum Vršič, wo man wieder auf die Originalroute trifft.

166/167

Hochstuhl, 2238 m

Durch die Nordflanke auf den Karawanken-Hauptgipfel

Die Karawanken, der Grenzwall zwischen Kärnten und Slowenien, erstrecken sich über 90 Kilometer von Westen nach Osten. In ihrem Hauptkamm stehen ein paar mächtige Bergmassive, die nach Norden in breiten Felsmauern aus sehr brüchigem Gestein abstürzen, während von Süden die Grashänge bis zum Kamm hinaufziehen. Eines dieser Massive ist die Koschuta mit ihrem Hauptgipfel, dem *Koschutnikturm,* 2136 m. Auch zu ihm führt ein gesicherter Steig empor (Talort Ferlach, Ausgangspunkt Koschutahaus, 1279 m, dorthin auf Mautstraße, Aufstieg 2½ Std., Abstieg durch die Ostschlucht). Er soll hier nur kurz erwähnt werden, ist er doch in dem geröllreichen Schrofengelände so angelegt, daß die Oberen stets die Nachkommenden durch Steinschlag gefährden. Das genaue Gegenstück dazu ist der ge-

Der gesicherte Steig auf den Koschutnikturm in den Karawanken führt etwa am rechten Bildrand über die Felsstufe empor. Das Gestein an diesem markanten Berg ist teilweise extrem brüchig.

sicherte Steig durch die Nordflanke des Hochstuhls, des höchsten Berges in den Karawanken. Die Aufgabe, in einer brüchigen Wand einen möglichst schönen und sicheren Steig anzulegen, wurde hier meisterlich gelöst. Es macht so richtig Spaß, über diese 500 Meter hohe Steilstufe zu steigen und dabei immer wieder ein wenig zu klettern. Vom Gipfelgrat aus öffnet sich dann urplötzlich ein grandioser Blick auf die Julischen Alpen, die gleich jenseits des Savetals unerwartet gewaltig in den Himmel ragen. Eine schöne Abrundung erfährt die Tour, wenn man auf der slowenischen Südseite (Reisepaß mitnehmen!), an der nahen Prešernova koča, 2172 m, bew., vorbei, zum Bielschitzasattel hinüberquert, vielleicht noch einen Seitensprung auf die *Bielschitza,* 1955 m, einfach, ½ Std., einen kecken Felskegel, dazwischenschiebt, bevor man die Klagenfurter Hütte ansteuert. Beim Rückweg zum Auto kann man dann noch einmal die breiten Nordwände bewundern, durch die man am Morgen zum Gipfel aufgestiegen war. Für Blumenfreunde: im Bärental blüht unter vielem anderen auch die Feuerlilie.

Schwierigkeiten: Einfacher, gesicherter Steig.

Talort: Feistritz im Rosental, 545 m.

Ausgangspunkt: Johannsenruhe, 1220 m, dorthin auf anfangs guter, dann sehr holperiger Bergstraße, 10 km.

Abstieg: Gleiche Route (wesentlich schneller) oder — schöner — südlich um den Felskamm in den Bielschitzasattel und an der Klagenfurter Hütte, 1663 m, OeAV, bew., vorbei zurück zum Auto.

Gehzeiten: Aufstieg und Abstieg über Klagenfurter Hütte je 3 Std.

►► Das Hochplateau von Kotel östlich des Triglav mit dem Staničahaus. Am Horizont von links: Cmir, Begunjski vrh, Vrbanova špica, Rjavina.

168

Jezerska Kočna, 2540 m

Große Steiganlage in den Steiner Alpen

Steiner Alpen — nie gehört? Kamniske Alpe erst recht nicht? In der allerletzten, südöstlichen Ecke der Alpen wächst über dem slowenischen Hügelland ein erstaunlich mächtiges und felsiges Kalkmassiv bis in eine Höhe von 2558 Meter empor. Von manchen Stellen Kärntens kann man diese auffallend hellen Gipfel über den östlichen Karawanken entdecken. Die Steiner Alpen lassen sich vielleicht mit dem Säntisgebiet vergleichen. Dieses erhebt sich wie eine Festung über Bodensee und dem St. Gallener Bergland; das gleiche Bild bieten die Kamniske Alpe aus dem nordöstlichen Slowenien — an klaren Tagen fallen sie selbst von Zagreb ins Auge. Wen es einmal in diesen Landstrich verschlägt, der sollte einen Abstecher von wenigstens zwei Tagen über den Seebergsattel nach Süden machen. Er wird es nicht bereuen. Die drei höchsten Gipfel des Gebirges bieten recht abwechslungsreiche Felstouren auf guten Steigen in teilweise hohen Wänden; der wirklich Starke kann sie sogar zu einer Dreigipfeltour verbinden. Etwa 500 Meter Fels liegen zwischen den großen Geröllhalden unter der Nordostwand und dem Gipfel der Jezerska Kočna. Da gibt es Schrofenflanken, Bänder, Kamine und Steilstufen. Ein besonderes Schmankerl ist die Kriechstelle, ein Band in hoher und glatter Wand, über dem sich ein richtiger Felsbauch vorschiebt. Hier nützt nur die Einstellung: Frisch gewagt . . .

Schwierigkeiten: Gut gesicherter Steig mittlerer Schwierigkeit, einige ausgesetzte Stellen.

Talort: Jezersko, 890 m, direkt südlich des Seebergsattels in Slowenien.

Ausgangspunkt: Češka koča (Tschechische Hütte), 1543 m, bew.; von Jezersko noch 2 km mit Pkw am Makekhof vorbei, dann in 1½ Std. zur Hütte.

Rundtour siehe Tour 169/170.

Abstieg: Gleiche Route oder Rundtour.

Gehzeit: Aufstieg 3 Std.

169/170

Grintavec, 2558 m, Skuta, 2532 m

Zwei mächtige Felsberge

Die schmucke, kleine Češkahütte liegt auf hoher Talschwelle am Rand eines fast runden Kares, das von den Wänden halbkreisförmig eingerahmt wird. Genau im Süden steht der Grintavec, der höchste Berg der Steiner Alpen. Seine Gipfelpyramide ragt noch ein gutes Stück über die Wände empor. Er wirkt von dieser Seite reichlich unnahbar und wild, und doch läßt sich die Steilstufe zur Scharte östlich des Gipfels recht gut erklimmen. Es führt ein Steig dort hinauf, der das Gelände recht geschickt ausnützt und der zudem an den steilsten Stellen gesichert ist. So sind harte Schneefelder und Steinschlag die Hauptgefahren. Oben am Grat, der erstaunlich flach mit Karst nach Süden abdacht, verzweigt sich der Weg. Nach Westen gelangt man zum Grintavec. Das ist eine relativ einfache Route, nur zwei Kletterpassagen, vor allem ein kurzes, scharfes Gratstück, sind noch zu überwinden. Wesentlich mehr Spannung bietet der nach Osten führende Steig, eine richtige Ferrata längs des zerrissenen Grates mit Türmen und Lücken, mit Rinnen und Felsabsätzen. Dolgi Hrbet, Langkofel, heißt diese Schneide, die dann recht unvermittelt in das weiträumigere, steinige Gelände des Skutagipfels mündet.

Viele Nordalpine halten unsere südlichen Nachbarn für weniger begeisterte Bergsteiger und glauben deshalb, man könnte sich auf die Weganlagen dort nicht recht verlassen. Doch das ist ein unhaltbares Vorurteil! In den Steiner Alpen lassen sich nicht nur unsere drei Gipfel Kočna, Grintavec und Skuta zu einer ganz großen Überschreitung verbinden, es gibt auch Höhenwege, die eine wirklich eindrucksvolle Durchquerung der ganzen Berggruppe ermöglichen. Dies als Anregung!

Schwierigkeiten: Teils leichte Schrofenkletterei (I), teils gut gesicherte Steige in steilerem Felsgelände, dann mittelschwer.

Talort und Ausgangspunkt siehe Tour 168.

Rundtour: Češka koča — Skuta — Grintavec — Kočna — Češka koča (oder umgekehrt).

Abstieg: Bei Grintavec wie Aufstieg, bei der Skuta umgeht man den schwierigen Teil am Langkofel südlich.

Gehzeiten: Češka koča — Grintavec 3½ Std., Češka koča — Skuta 4 Std., Übergänge zwischen den einzelnen Gipfeln jeweils etwa 1½ Std.

Register

Bildnachweis

Beikircher (147, 164, 169), Brandl (71, 102, 134/135, 149), Daubner-Höfler (127), End (11, 51, 55, 63, 69, 73, 77, 100/101, 145, 152/153, 155, 166, 172/172), Fischer (1217), Goedeke (140), Hauleitner (79, 81), Heimhuber (2, 27, 30, 32), Höfler (87), Höhne (122/123, 158/159), Kirsch (52/53, 60/61, 106/107), Kloske (85), Köfferlein (Schutzumschlag-Vorderseite, 6), Krämer (56/57), Leitner (47, 97, 115), Lindel (88/89), Lindner (91), Löbl (74/75, 94/95, 142/143), Mokrejs (62), Müller-Bruhnke (28/29), Puntschuh (14, 20/21, 38/39, 139), Schneiders (82/83), Schreiner (17), Seibert (13, 44/45, 109, 133), Wagner (4/5, 98/99, 110/111, 118, 162, 170), Werner (24, 64, 66/67, 161), Wiesmeier (43), Winkler (19, 93), Wöckener (131), Zengerle (34/35).

Die Kartenskizzen zeichnete Sebastian Schrank.

Bergverlag Rudolf Rother GmbH

1. Auflage 1986
ISBN 3-7633-7004-8

Hergestellt in den Werkstätten der
Bergverlag Rudolf Rother GmbH,
München
(2139/4890)